# Sorolla

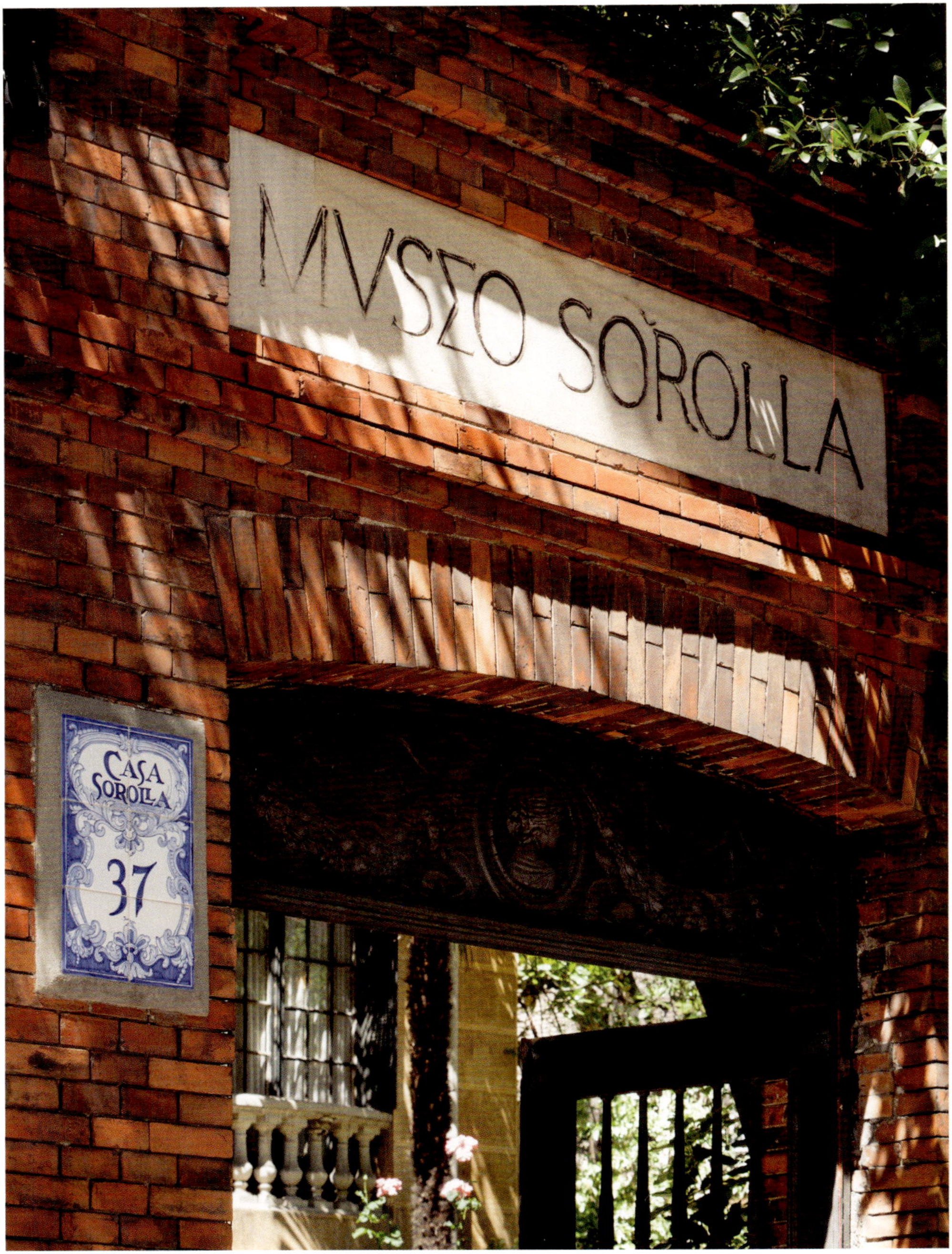
MVSEO SOROLLA
CASA SOROLLA
37

# CasaMuseo Sorolla

Fotografías | Photographs

Lluís Casals

Textos | Texts

Enrique Varela Agüí

TRIANGLE BOOKS

TRIANGLE BOOKS

Las citas de Joaquín Sorolla han sido seleccionadas por Lluís Casals y Enrique Varela Agüí de los *Epistolarios de Joaquín Sorolla, I, II, III*; VV.AA., Barcelona, 2007, 2008, 2009.

The quotes by Joaquín Sorolla have been selected by Lluís Casals and Enrique Varela Agüí from the *Epistolarios de Joaquín Sorolla, I, II, III*; VV.AA., Barcelona, 2007, 2008, 2009.



Diseño gráfico | Graphic design Quim Boix | BbCR

Traducción | Translation Mark Waudby

Impreso en España| Printed in Spain by CeGe

D. Legal Me 35-2020
ISBN 978-84-8478-881-2

CasaMuseo Sorolla

*"Yo lo que quisiera es no emocionarme tanto, porque después de unas horas como hoy, me siento deshecho, agotado, no puedo con tanto placer, no lo resisto como antes, es que la pintura cuando se siente es superior a todo."*

Joaquín Sorolla. Alicante, 30 de noviembre de 1918

*"I wish I didn't become so emotional, because after a few hours, like those I have spent today, I feel undone, exhausted, I can't cope with so much pleasure, I can't endure it as I did before. The fact is, when you feel painting, it is above everything else."*

Joaquín Sorolla. Alicante, 30th November 1918

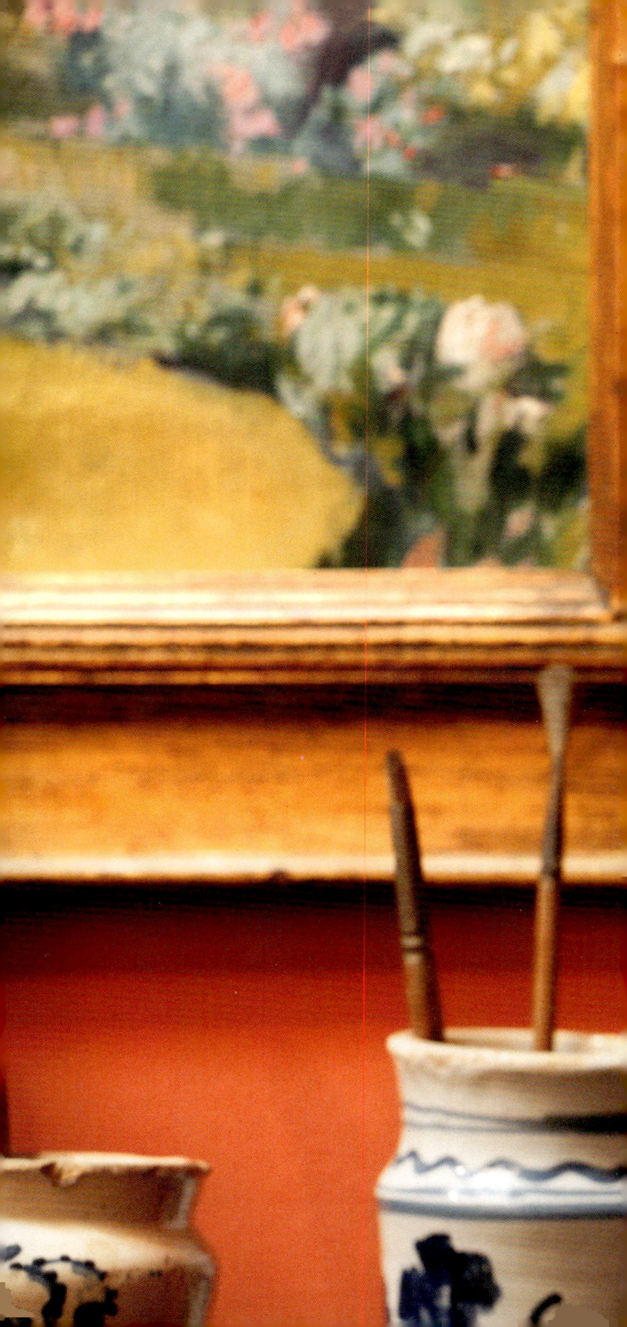

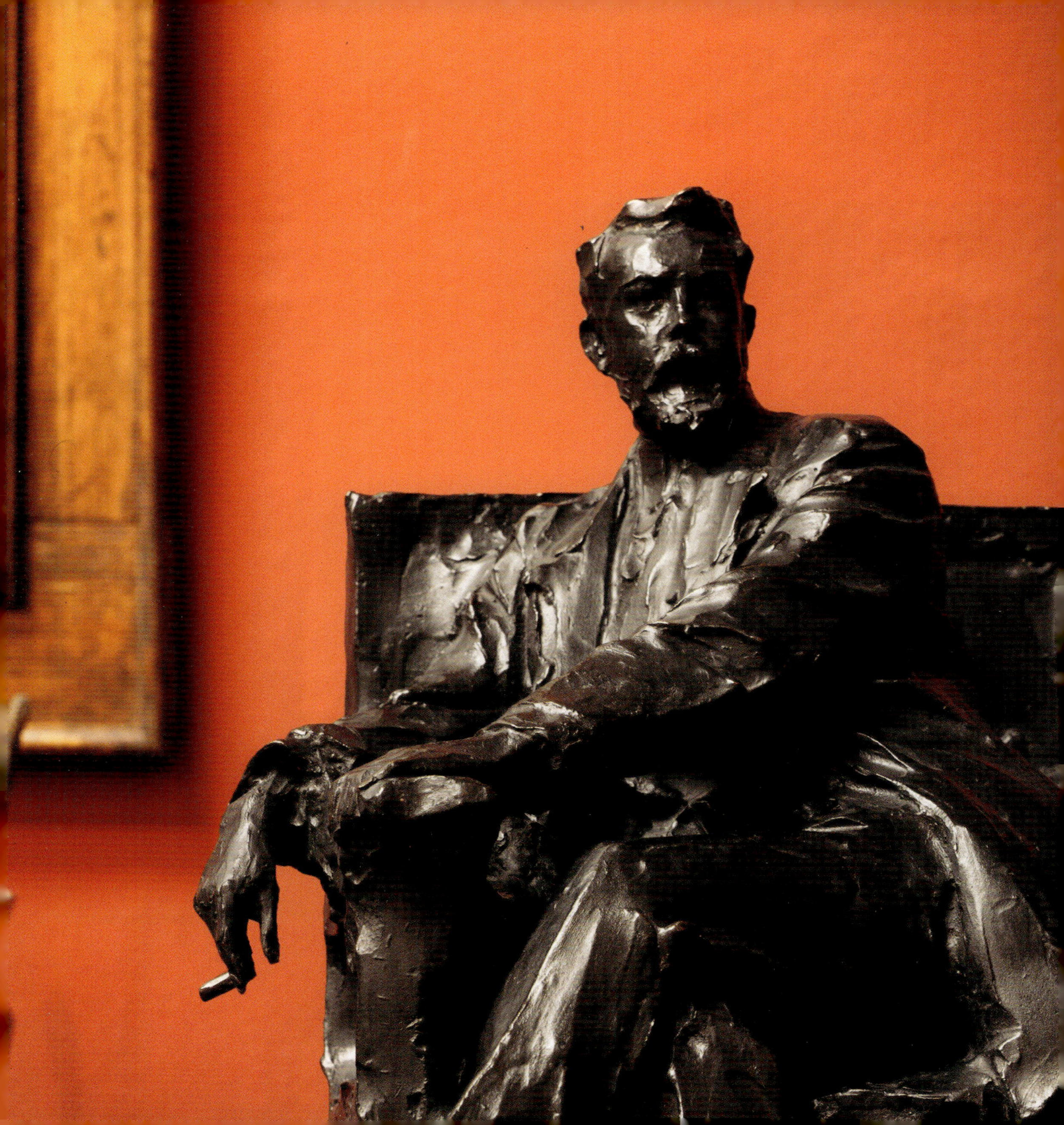

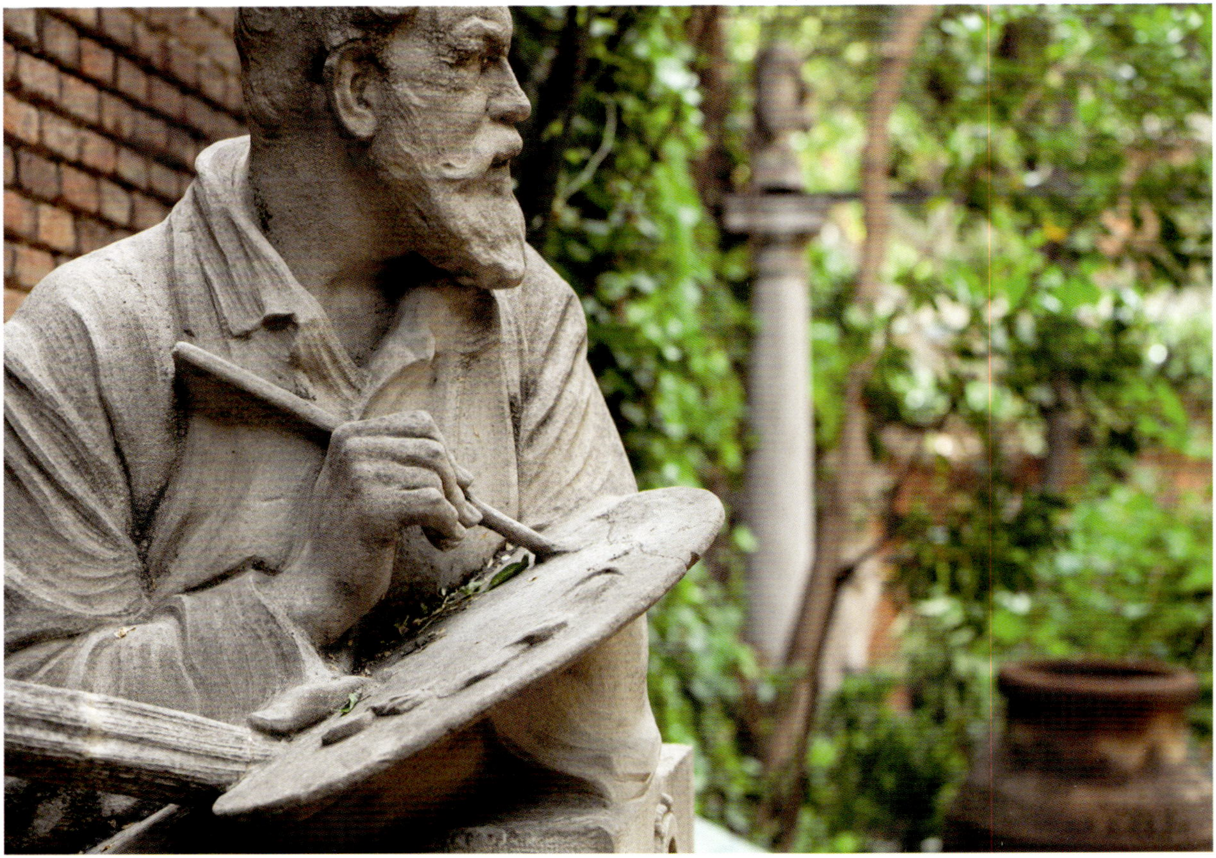

# Presentación

Una casa es un proyecto de vida personal levantado por sus habitantes. La casa Sorolla culmina ese proyecto de vida que Joaquín Sorolla y Clotilde García del Castillo decidieron emprender juntos desde sus años juveniles. Corona toda una trayectoria personal y artística de un pintor que alcanzó las más altas cotas de excelencia creadora y reconocimiento profesional.

La casa Sorolla representa el firmamento del pintor, en ella está presente todo lo que a Sorolla le rodeó e interesó, lo que le inspiró, lo que creó, con lo que disfrutó, con lo que convivió... son múltiples los pequeños detalles de la casa, son multitud los objetos, los cuadros, las esculturas, los recuerdos... la casa tiene alma.

La mirada de Lluís Casals trata de captar esa esencia intangible, nos revela una aproximación particular a ese universo personal, nuevas perspectivas que cobran un protagonismo especial, nuevos enfoques llenos de belleza, sobre la casa de Sorolla. Lluís nos descubre miradas, encuadres de la casa que, aun habiéndola visto con nuestros propios ojos, recorrido con nuestros propios pasos, se nos revelan nuevos, diferentes, singularmente hermosos. A través de sus fotografías, transmite con perfección y gran belleza la atmosfera de esta casa detenida en el tiempo.

Y nos propone un recorrido íntimo, visual, algo fetichista, por la casa Sorolla. En este libro descubrimos detalles de la casa que se nos habían pasado desapercibidos, enfoques de los que no nos habíamos percatado. Una sensibilidad especial mezclada con un gran dominio de la técnica fotográfica.

La casa museo Sorolla es un templo laico dedicado al arte, a los sentidos y a la belleza. Y Lluís Casals perfecciona nuestra contemplación, mejora nuestro punto de vista, nos educa la mirada hacia la búsqueda de esa belleza.

Enrique Varela Agüí
*Conservador, Museo Sorolla.*

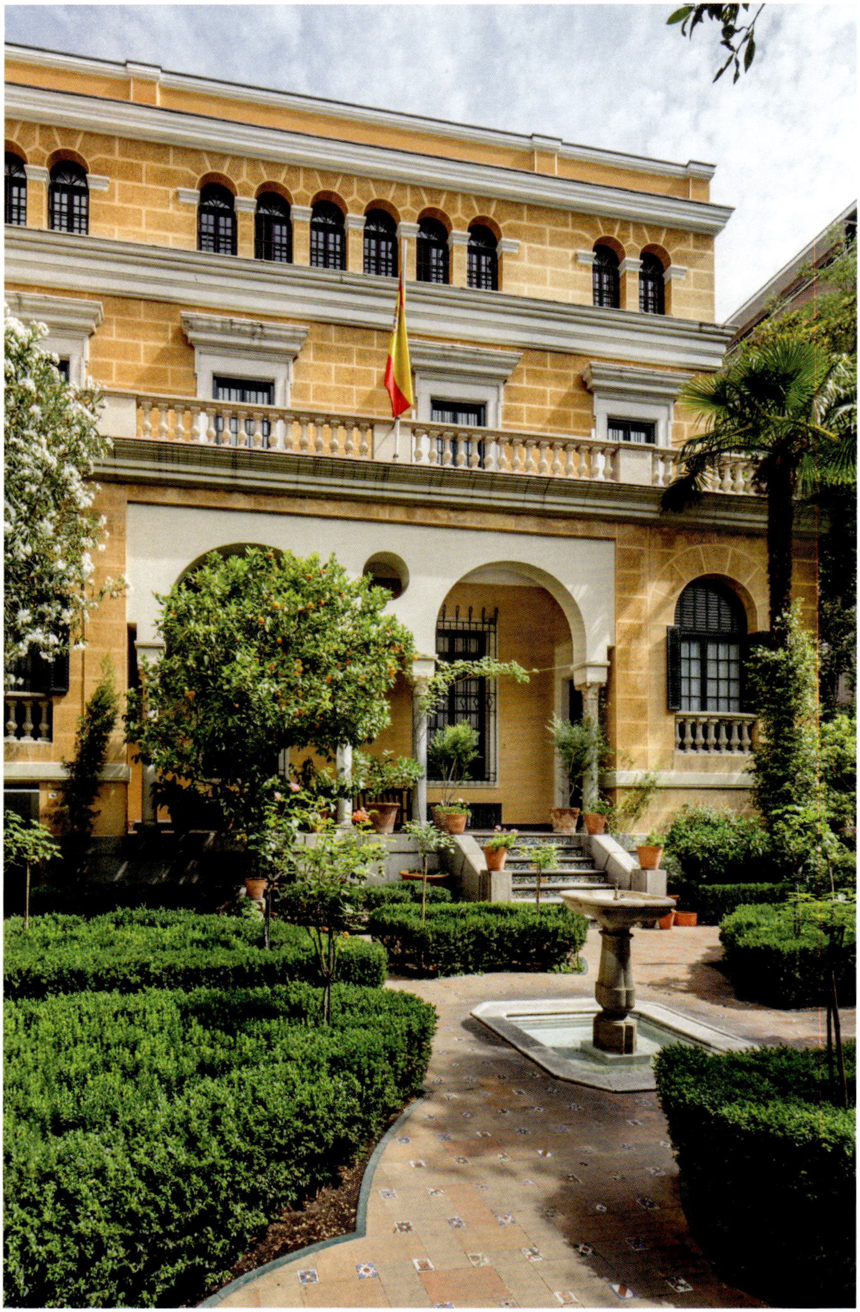

# Introduction

A house is a personal, lifelong project built by its inhabitants. The Casa Sorolla is the culmination of a lifelong project that Joaquín Sorolla and Clotilde García del Castillo decided to embark on in the days of their youth. It is the pinnacle of the personal and artistic career of a painter who achieved the heights of creative excellence and professional recognition.

The Casa Sorolla represents the painter's world and brings together everything that surrounded and interested him, the things that inspired him, that he created, enjoyed and lived with. The house contains myriad objects, paintings, sculptures, mementoes... the house has a soul.

Lluís Casals seeks to capture this intangible essence and gives us a unique insight into Sorolla's personal universe. He reveals new views that take on a special significance and new approaches to Sorolla's house suffused with beauty. Lluís shows us different gazes, aspects of the house that, although we have seen it with our own eyes and explored it with our feet, show themselves to be different and peculiarly beautiful. His photographs perfectly, and beautifully, convey the atmosphere of a house that is frozen in time.

And he invites us on a personal, visual, somewhat fetishistic journey through the Casa Sorolla. In this book we will discover details of the house that have gone unnoticed and focal points we have been unaware of, brought to us with a special sensitivity combined with a great mastery of photographic technique.

The Casa Museo Sorolla is a secular temple dedicated to art, to the senses and beauty. And Lluís Casals perfects our contemplation, enhances our point of view, and educates our gaze towards the search for this beauty.

Enrique Varela Agüí

*Conservator, Museo Sorolla.*

## Casa Sorolla

Corrían las últimas décadas del siglo XIX y los primeros años del siglo XX, la ciudad de Madrid estaba en plena transformación urbanística y social. La capital había roto sus muros antiguos de época de Felipe IV, y se expandía y conformaba en nuevos y burgueses barrios donde gentes de variada condición social se asentaban en ellos.

En el nuevo barrio de Chamberí, en el entorno del Paseo de la Fuente Castellana, del Paseo y la Plaza del Obelisco, se sitúa una zona de expansión de gran interés social e intelectual. Aquí van a germinar un grupo edificios, instituciones y personas comprometidas con los valores de la educación, la cultura y el progreso: la Institución Libre de Enseñanza, el Instituto Internacional de Señoritas, la Junta de Ampliación de Estudios...

La familia Sorolla decide echar raíces en este nuevo barrio. Joaquín y Clotilde deciden construirse una casa-hotel, que reúna en un mismo espacio la residencia familiar, también los estudios de trabajo del pintor y que además esté envuelta por unos jardines diseñados por el propio Sorolla.

Entre 1910 y 1911 la casa Sorolla se construye bajo la dirección del arquitecto Enrique María de Repullés y Vargas, con aportaciones directas del propio pintor. A finales de 1911 la familia habita su nuevo hogar y Sorolla disfruta de sus nuevos estudios de trabajo y suntuosos jardines. Son años de culminación profesional y personal.

## Casa Sorolla

In the last decades of the 19th century and in the early 20th century, Madrid was in the throes of a major urban and social transformation. The Spanish capital had demolished the ancient walls built during the reign of Philip IV, and expanded and developed new neighbourhoods where people of all social backgrounds came to live.

A new, socially and intellectually aware area was laid out in the new neighbourhood of Chamberí, close to the Paseo de la Fuente Castellana and the Paseo and Plaza del Obelisco. It was here that a group of buildings, institutions and people committed to the values of education, culture and progress came together: the free-education institute, the Institución Libre de Enseñanza; the international school for young women, the Instituto Internacional de Señoritas; and the further-education board, the Junta de Ampliación de Estudios...

The Sorolla family decided to put down roots in this new neighbourhood. Joaquín and Clotilde built a house-hotel that would bring together, under one roof, the family home and painter's studios set among gardens designed by Sorolla himself.

The Casa Sorolla was built between 1910 and 1911 under the supervision of the architect Enrique María de Repullés y Vargas, with direct input from the painter. By the end of 1911, the family had moved into its new home and Sorolla was enjoying his new studios and

Sorolla vivirá disfrutando de su casa-estudio hasta su fallecimiento en 1923. En 1925 su viuda Clotilde legará al Estado español la casa, los cuadros de Sorolla y los objetos artísticos colocados en la vivienda que eran de su propiedad para que se cree el Museo Sorolla. La casa Sorolla se transforma así en el Museo Sorolla que, en junio de 1932, se inaugura al público.

MUSEO SOROLLA

Desde entonces, la casa Sorolla ha quedado suspendida en el tiempo convertida en un museo. Ese es el afán de los museos: 'suspender' en el tiempo el patrimonio que custodian. El Museo Sorolla se afana por preservar el rico patrimonio material e inmaterial que la casa contiene.

El visitante que penetra en las estancias de la casa Sorolla se ve envuelto por una atmosfera de intimidad vivida, por el universo familiar y creativo del pintor Sorolla, de su esposa y sus hijos que lo acompañaron. Los cuadros, los objetos, los muebles, las estancias..., todo respira intimidad familiar y creatividad artística.

El visitante se adentra con asombro y precaución en la casa con la intención de no romper esa atmósfera. Disfruta de la fascinación de verse inmerso en ella, hay una extraña sensación de transgredir un espacio privado. Penetrar en lo íntimo pero sin violentarlo.

ENRIQUE VARELA AGÜÍ

sumptuous gardens. These years marked the culmination of his professional and personal life.

Sorolla continued to enjoy his studio-house until his death in 1923. In 1925, his widow Clotilde bequeathed the house to the Spanish State, along with his paintings and the art objects inside the house, to create the Museo Sorolla. The Casa Sorolla was thus transformed into the Museo Sorolla, which opened to the public in June 1932.

MUSEO SOROLLA

Since then, the Casa Sorolla has remained frozen in time as a museum. This is the mission of museums: to freeze in time the heritage entrusted to their safekeeping. The Museo Sorolla endeavours to preserve the rich tangible and intangible heritage the house contains.

Visitors who enter the rooms inside the Casa Sorolla are surrounded by the intimate atmosphere and familial and creative world of the painter Sorolla, and his wife and children who lived with him. The paintings, objects, furniture and rooms are all imbued with the intimacy of family life and artistic creativity.

Visitors enter the house with wonderment and trepidation to avoid breaking the atmosphere. While you enjoy the fascinating experience of immersing yourself in the house, you have the peculiar feeling of trespassing in a private space, of entering a private world without violating it.

ENRIQUE VARELA AGÜÍ

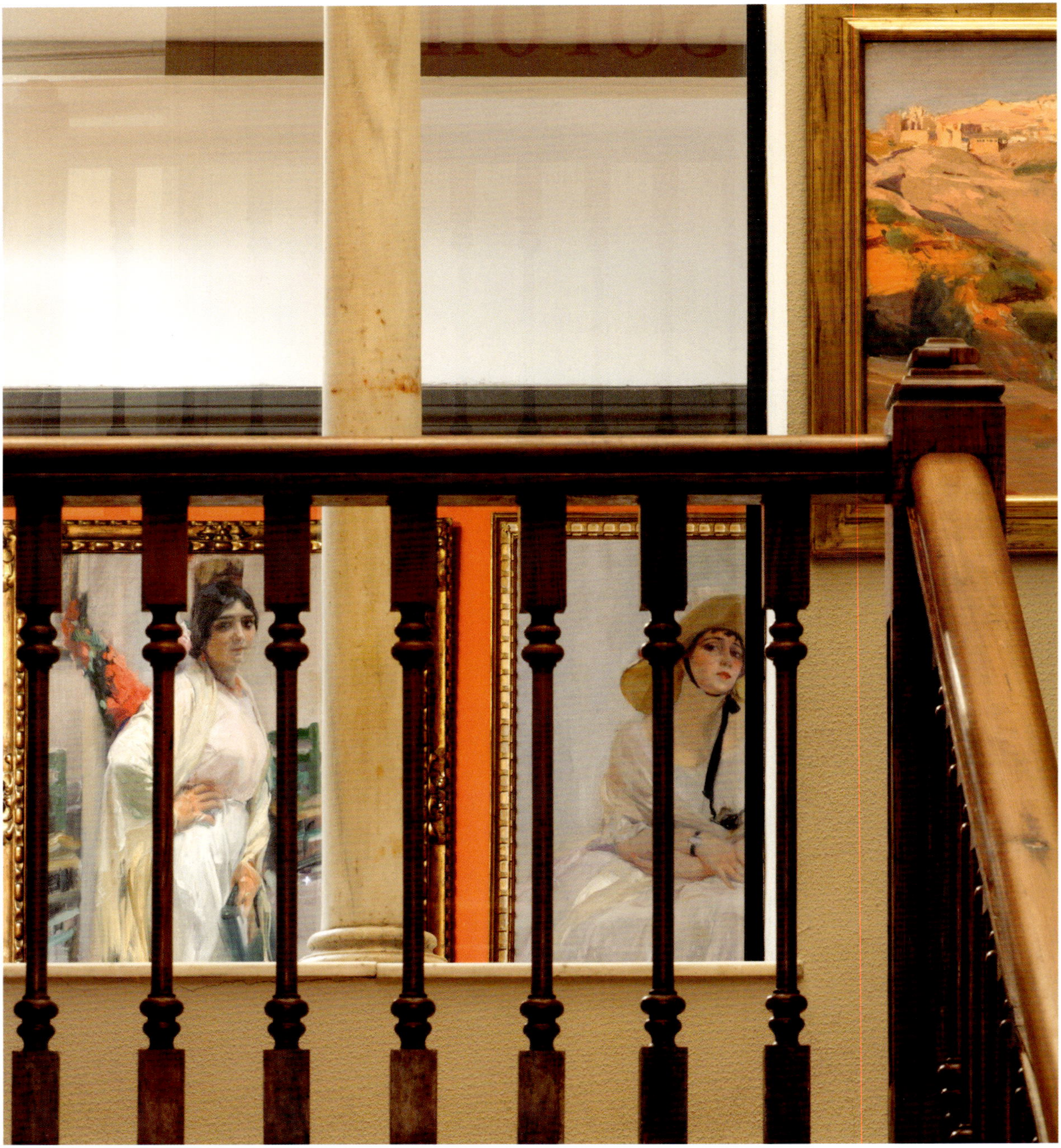

# Sobre el proyecto fotográfico

La indiscutible calidad de la obra de Sorolla y mi afición a la pintura fueron los motivos que, por primera vez, me llevaron a visitar la casa museo Sorolla. En mis posteriores visitas no tardé en percibir que, más allá de la belleza de los lienzos que en él se exponen, quedaba atrapado por el alma y la atmósfera del lugar en el que habitó y trabajó el pintor.

La emoción que siempre me ha proporcionado este singular espacio, me inspiró a realizar un trabajo fotográfico con la voluntad y el deseo de transmitir, mediante una visión personal, aquello que, pasado el tiempo, siento que todavía hoy se puede leer en cada uno de sus rincones: el aroma, la sensibilidad y el esplendor de una época. Una propuesta más cercana a trasladar mis impresiones sobre tan bello lugar, que la de ofrecer un riguroso registro científico sobre la historia del mismo.

Las imágenes que se presentan en este libro se realizaron entre octubre de 2011 y junio de 2019. Gracias a la gestión que desarrollan el Museo Sorolla y la Fundación Museo Sorolla, el Museo sigue siendo un ente vivo. Eso explica que, en las fotografías que componen este trabajo se observen variaciones

# About the photographic project

The undeniable quality of Sorolla's work and my love of painting prompted my first visit to the Casa Museo Sorolla. On subsequent visits I soon became aware that, beyond the beauty of the canvases on display, I was captivated by the soul and atmosphere of the place where the painter had lived and worked.

The emotions this unique place aroused in me, inspired me to create a photographic work with the intention and desire to convey, from a personal viewpoint, the things that still come to life in every corner of the house, despite the passing of time: the aroma, sensitivities and splendour of an era. A project that seeks to convey my impressions of such a beautiful place rather than provide a rigorous scientific report on its history.

The photographs in this book were taken between October 2011 and June 2019. The museum remains a living entity due to the way it is run by the Museo Sorolla and the Fundación Museo Sorolla. This explains why some of the photographs vary with regard to the contents of the museum and the way some of the works are currently displayed. This is the case of two canvases that are not part of the museum's per-

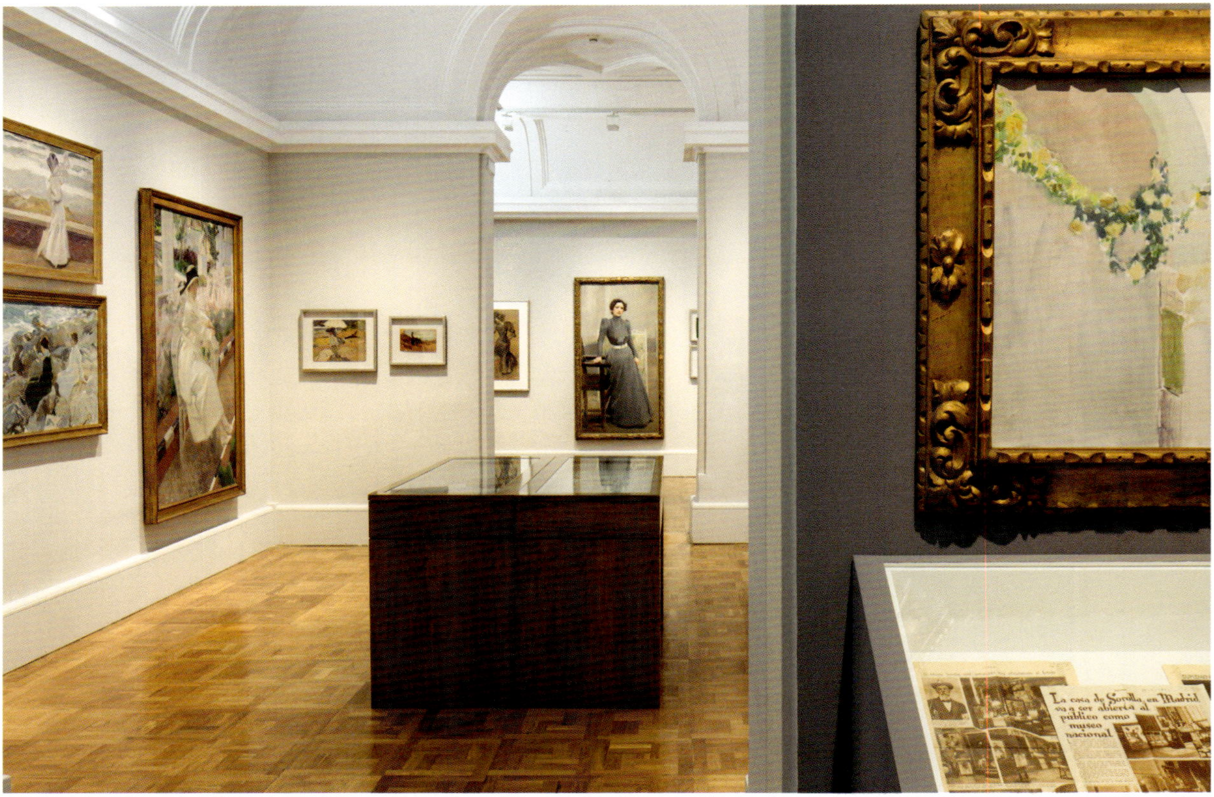
La casa de Sorolla, en Madrid, va a ser abierta al público como museo nacional

en cuanto al contenido expositivo y la ubicación de algunas de las obras. Es el caso de dos lienzos que no forman parte de la colección permanente del Museo, los retratos de las hijas del pintor, María y Helena que, procedentes de colecciones particulares, se expusieron durante junio y julio de 2012 y tuve la suerte de coincidir con ellos. Otros cambios que también pueden observarse, son la distinta disposición de diversos retratos de la esposa de Joaquín Sorolla, Clotilde García, debido a que, entre los meses de marzo y octubre de 2012 se presentaron reunidos en la magnífica muestra "Clotilde de Sorolla" en la sala de exposiciones temporales.

Desarrollar un trabajo inmerso entre las mismas paredes en las que Sorolla pasó tanto tiempo y sentirme rodeado por tan bellas pinturas ha sido para mí una experiencia mágica, emocionante y enriquecedora por la que quiero manifestar mi más sincera gratitud a Doña Consuelo Luca de Tena, directora del Museo Sorolla, y a Don Enrique Varela Agüí, conservador del Museo y autor de los textos de presentación que aparecen en estas páginas, por la ilusión con la que recibieron mi proyecto ofreciéndome todo tipo de facilidades para realizar este trabajo. Gratitud que hago extensiva a todos los miembros del Museo Sorolla y del Patronato de la Fundación Museo Sorolla.

Lluís Casals

manent collection: the portraits of Sorolla's daughters, María and Helena, which were on loan from permanent collections and on display in June and July 2012, meaning I was lucky enough to see them in situ. Other differences you will see are the placements of several portraits of Joaquín Sorolla's wife, Clotilde García. This is due to the fact that they were part of the magnificent exhibition "Clotilde Sorolla" which ran from March to October 2012 in the temporary exhibition gallery.

Creating a body of work while being immersed within the same walls where Sorolla spent so much time, and surrounded by such beautiful paintings, was such a magical, moving and enriching experience for me. I would like to express my utmost gratitude to Mrs Consuelo Luca de Tena, director of the Museo Sorolla, and Mr Enrique Varela Agüí, the museum conservator and author of the introduction to this book, for the enthusiasm with which they greeted my project and for providing me with every facility to produce this work. I would also like to extend my gratitude to all the members of the Museo Sorolla and the museum board, the Patronato de la Fundación Museo Sorolla.

Lluís Casals

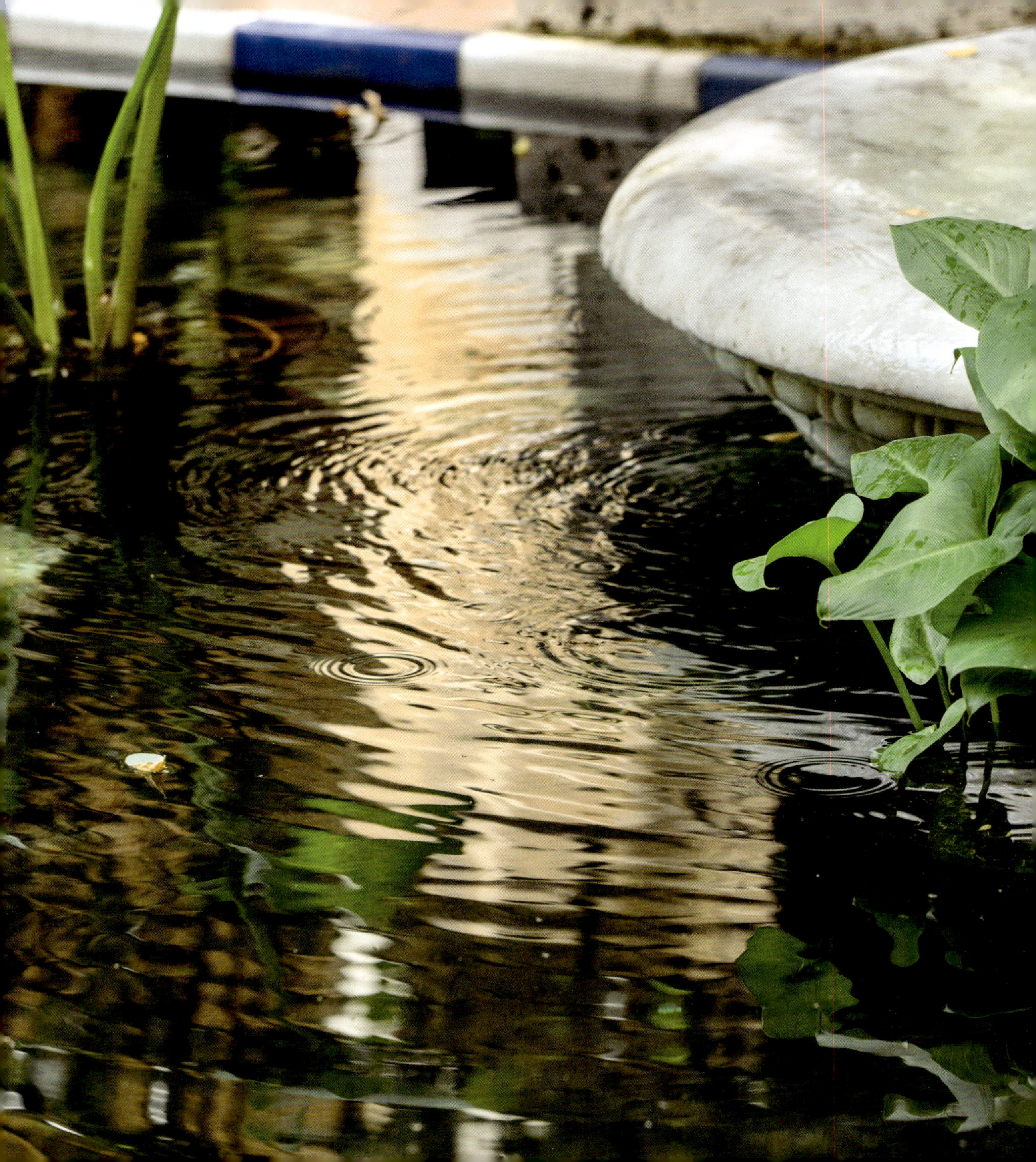

# El jardín

Tres jardines. Tres espacios diferentes llenos de vegetación y personalidad. Jardines diseñados por el propio Sorolla, embebido de Andalucía –de Sevilla y Granada–; de al-Ándalus y del renacimiento. Los jardines son estancias para el reposo, el esparcimiento o la sociabilidad y también son estudios de pintura al aire libre para el pintor. Cientos de especies botánicas, decenas de objetos arqueológicos, fuentes, columnas, estanques, sombras, reflejos, sonidos... un Sorolla hedonista configuró estos espacios.

# The gardens

Three gardens. Three different spaces filled with lush planting and imbued with personality. Gardens designed by Sorolla himself, steeped in the culture of Andalusia – of Seville and Granada – of Al-Andalus and the Renaissance. The gardens are places to relax, for recreation and socialising. They also provided the painter with open-air painting studios. Hundreds of botanical species, dozens of archaeological objects, fountains, columns, ponds, shadows, reflections, sounds... a hedonistic Sorolla shaped these spaces.

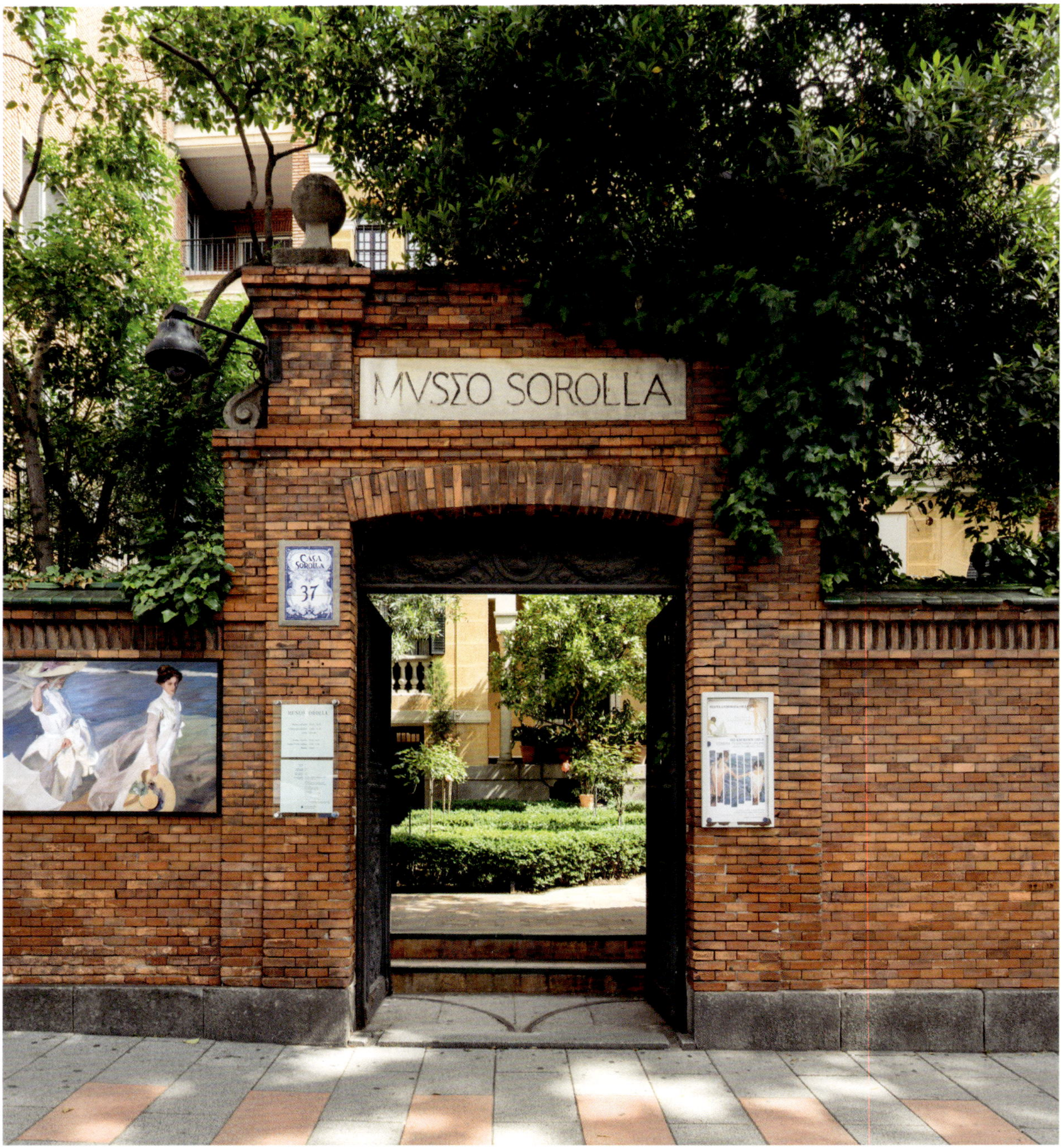
MVSEO SOROLLA
CASA SOROLLA
37
MUSEO SOROLLA

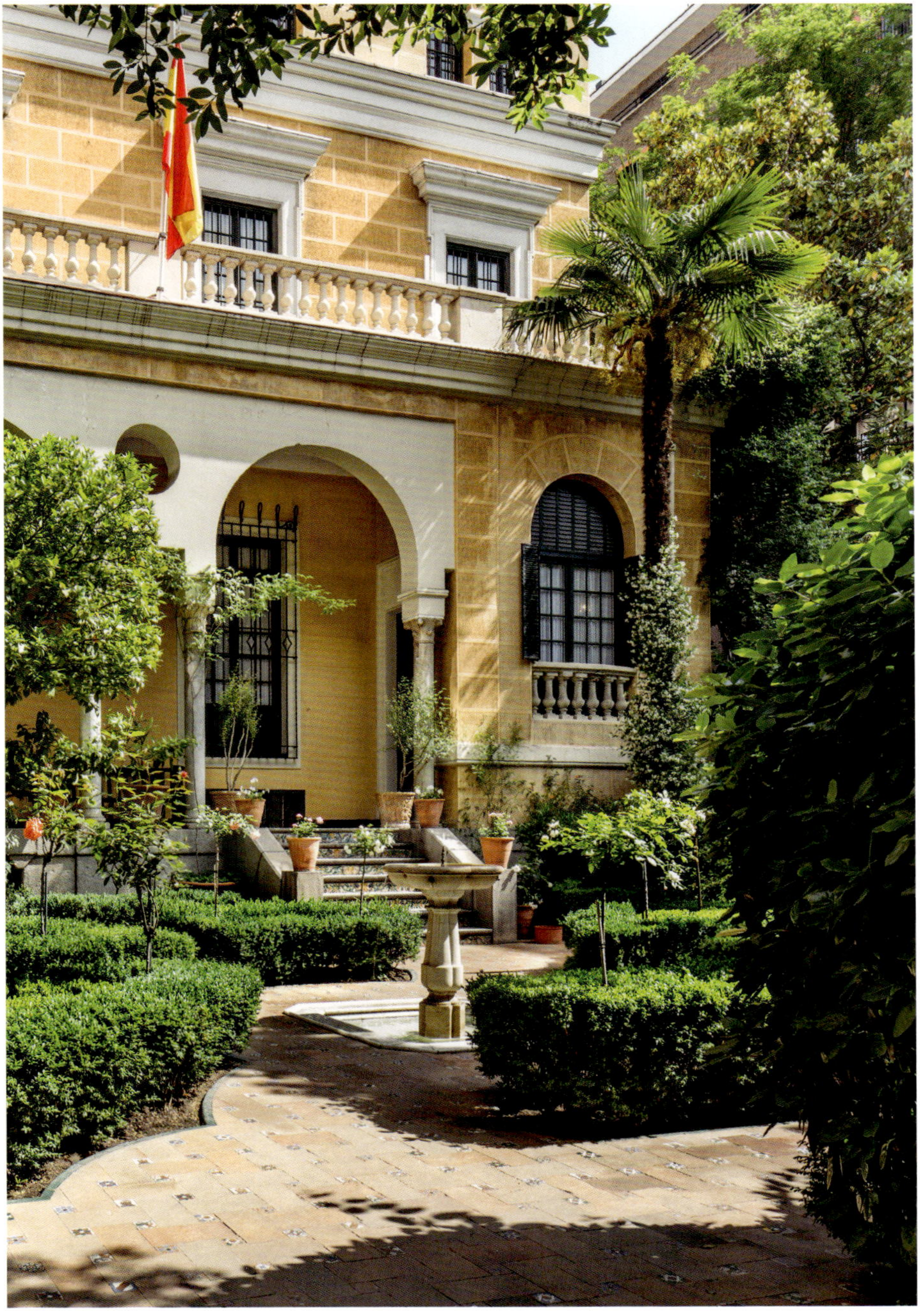

*"He encontrado una fuente pequeña para el patio de entrada que es preciosa y que me la regalaron a cambio de una cosa pintada. Creo es lo que hacía falta."*

Sevilla, 8 de marzo de 1914

*"I've found a small fountain for the courtyard at the entrance. It's beautiful and they gave it to me in exchange for something I had painted. I think it's just what was needed."*

Seville, 8th March 1914

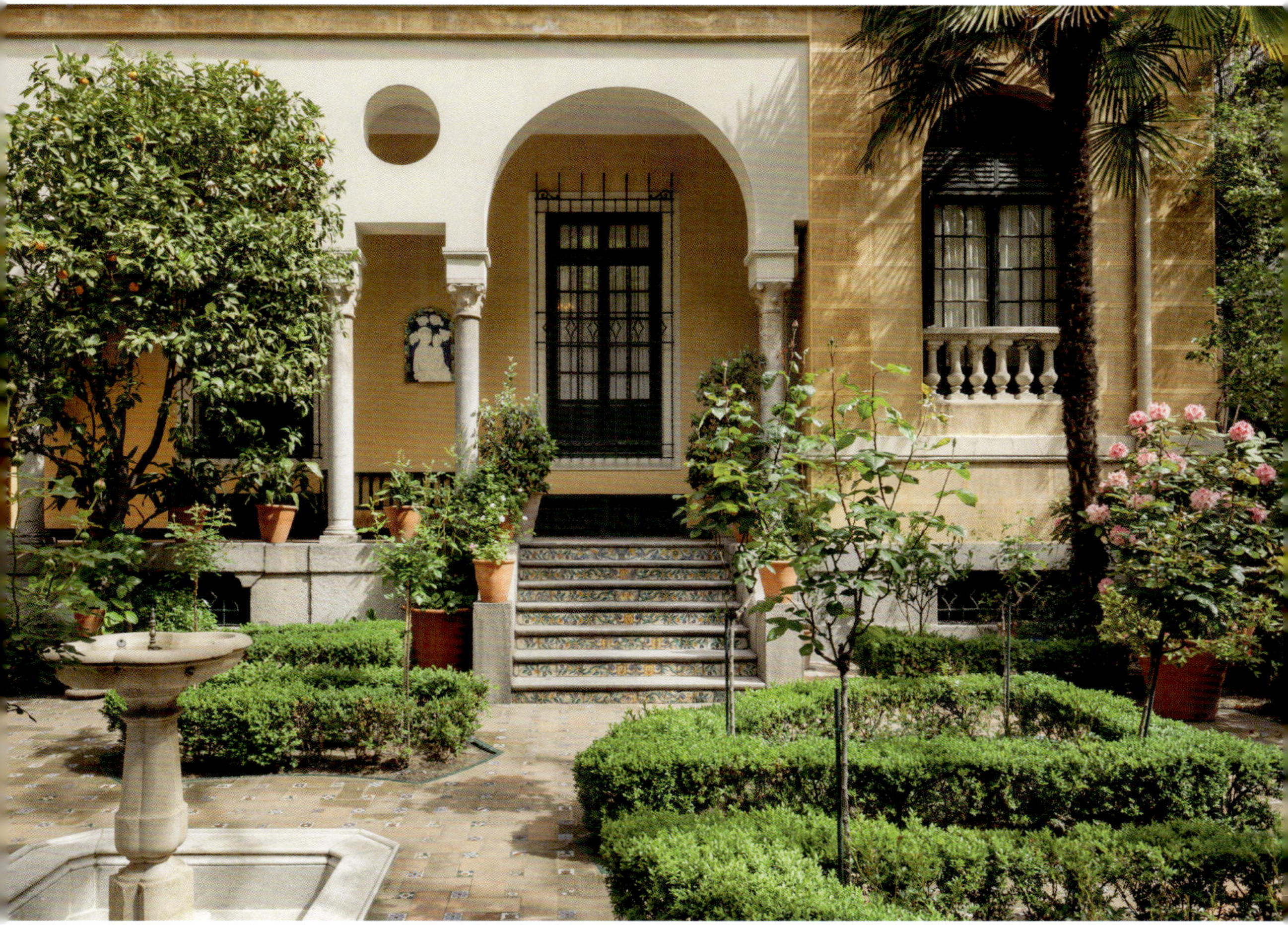

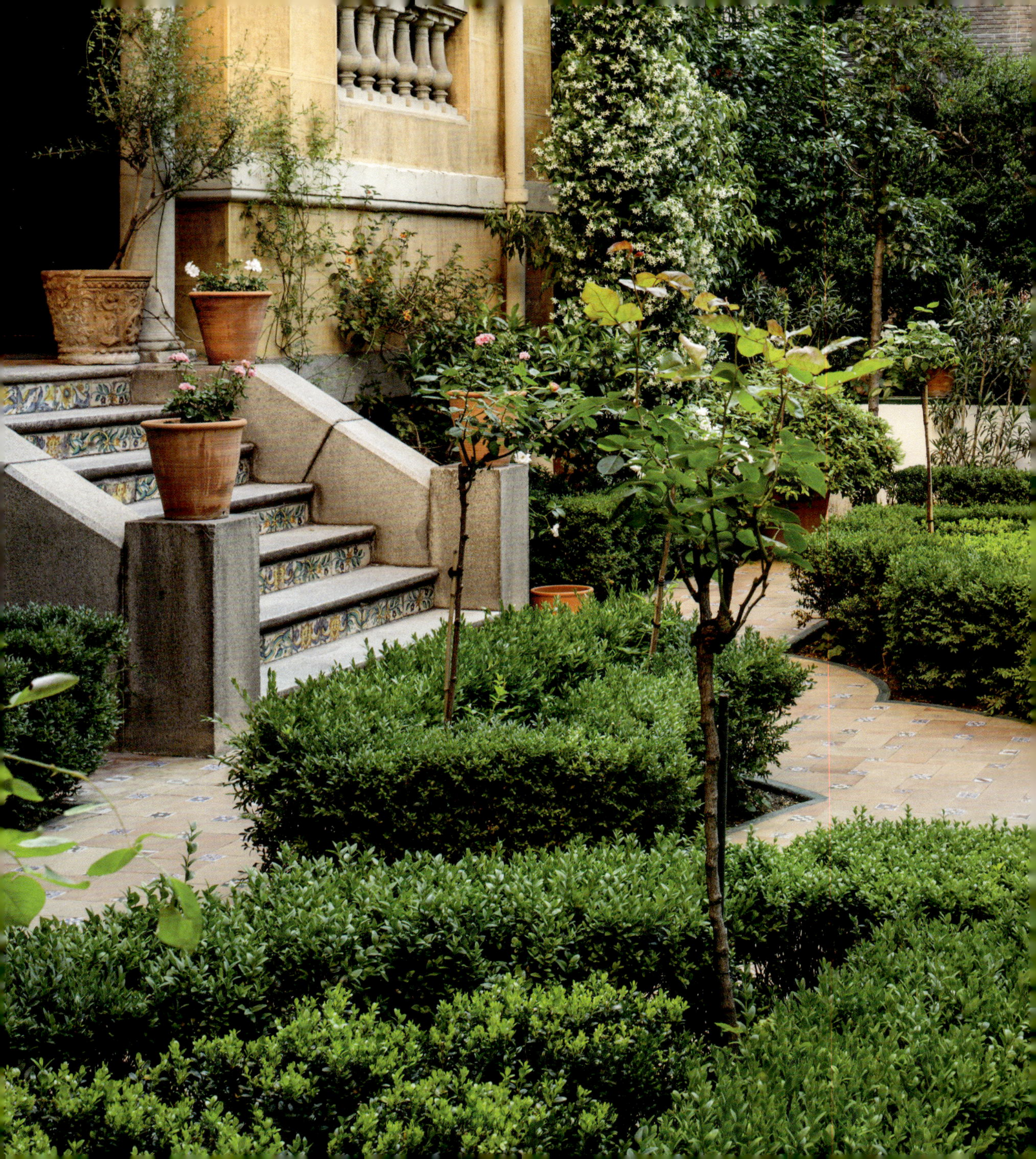

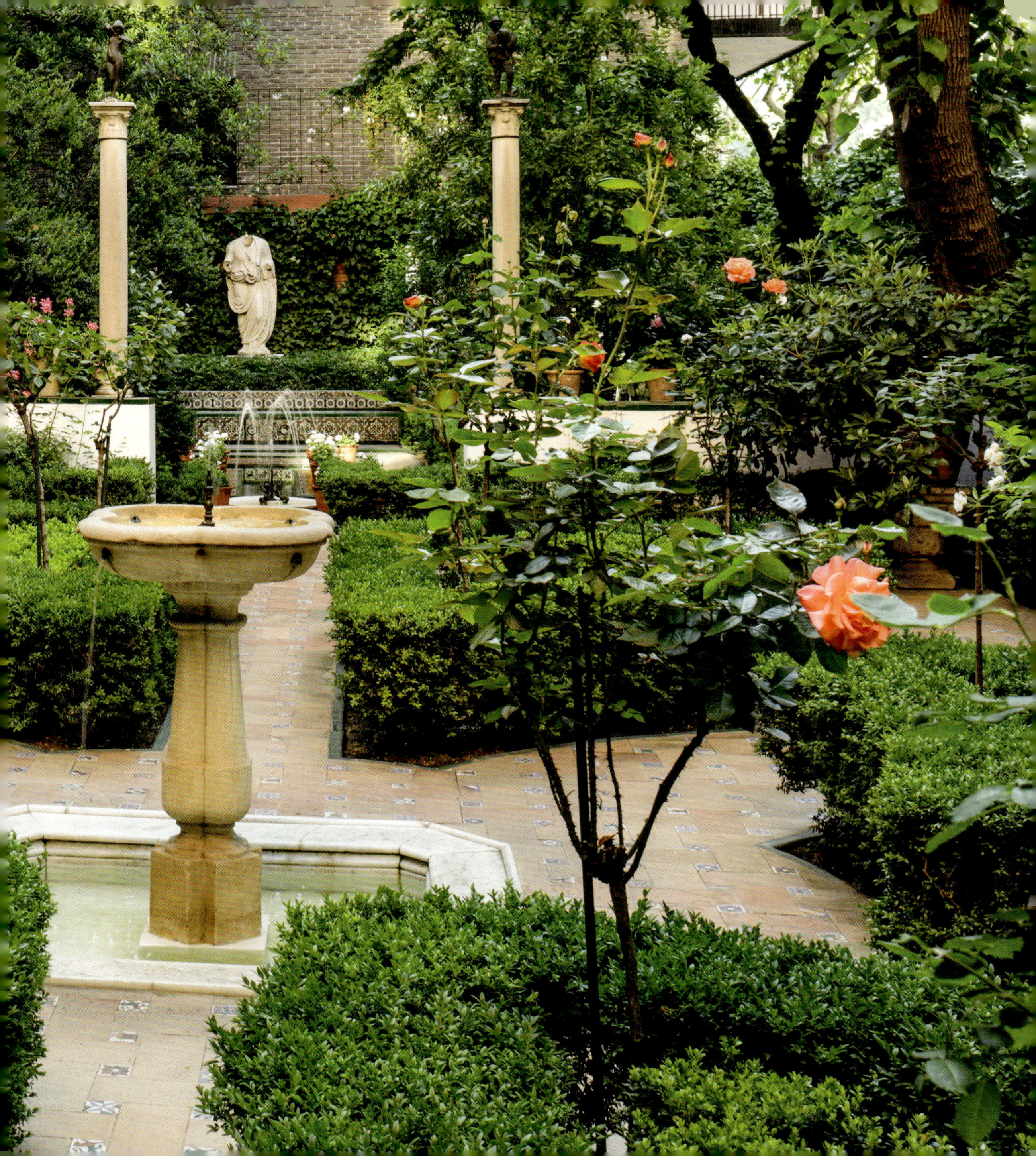

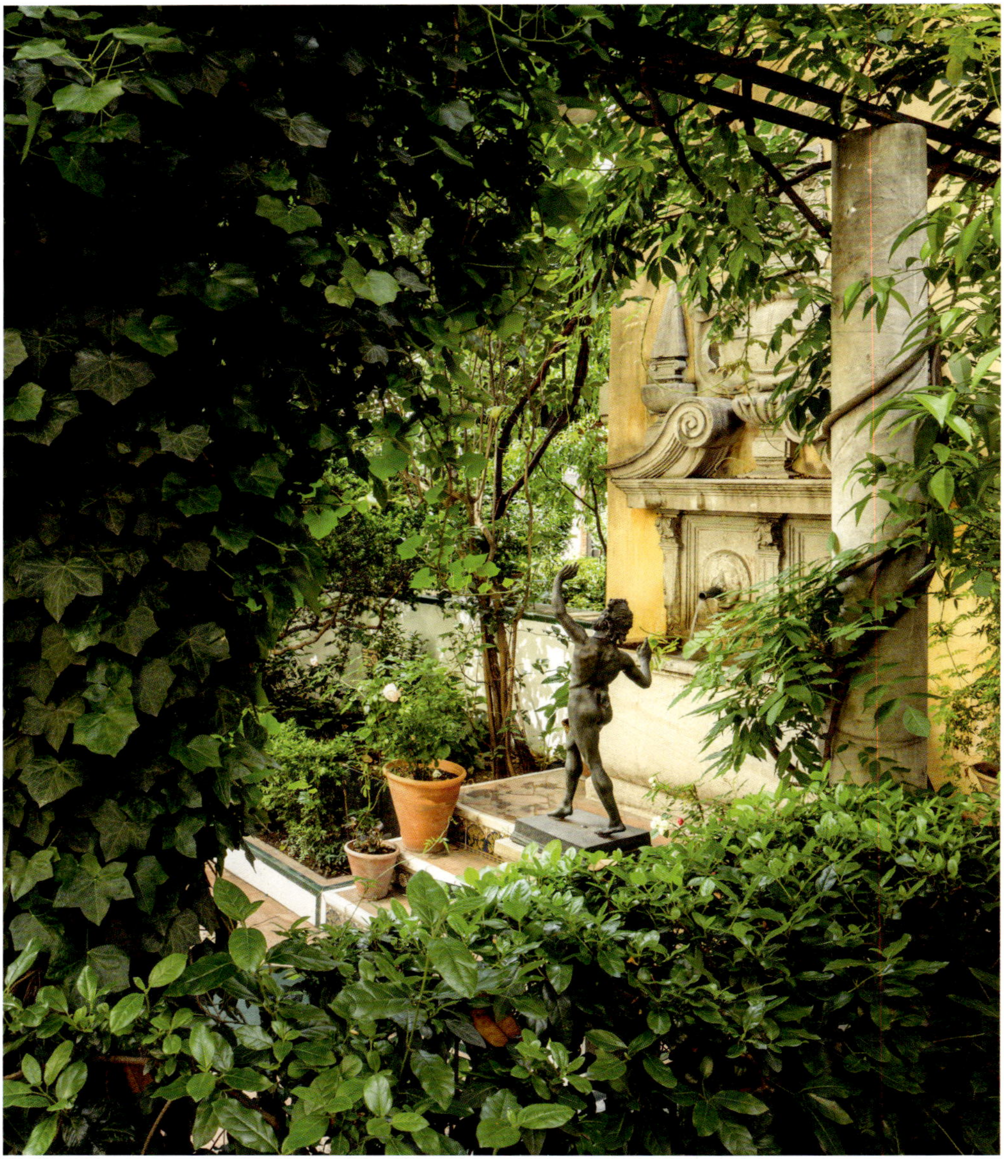

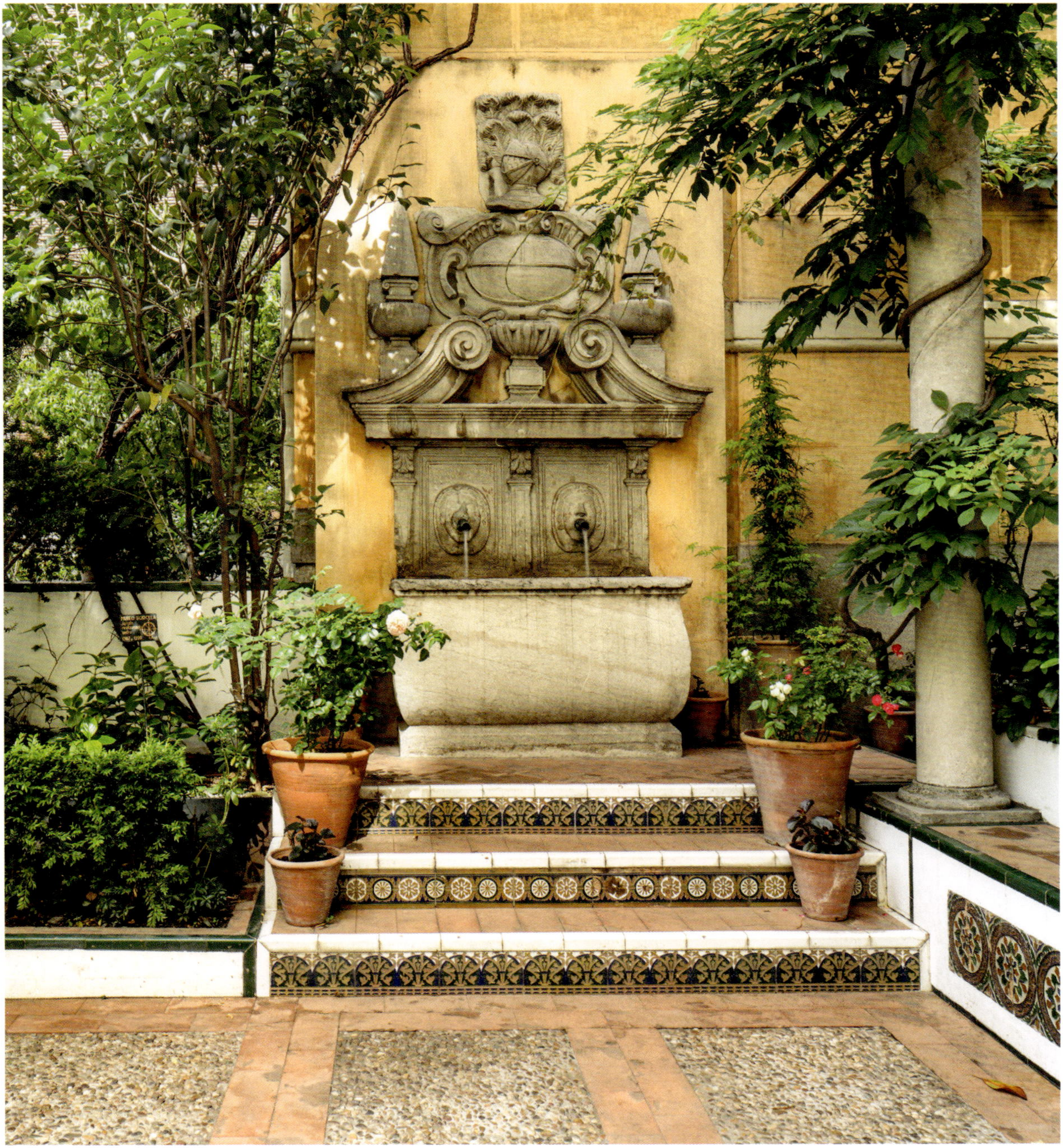

*"Comprendo que el jardín estará hermoso y espero verlo aún con flores, pues el mayo es siempre bueno para esto."*

Sevilla, 15 de abril de 1914

*"I understand that the garden will be beautiful and I hope to see it in bloom, because May is always a good time of year for flowers."*

Seville, 15th April 1914

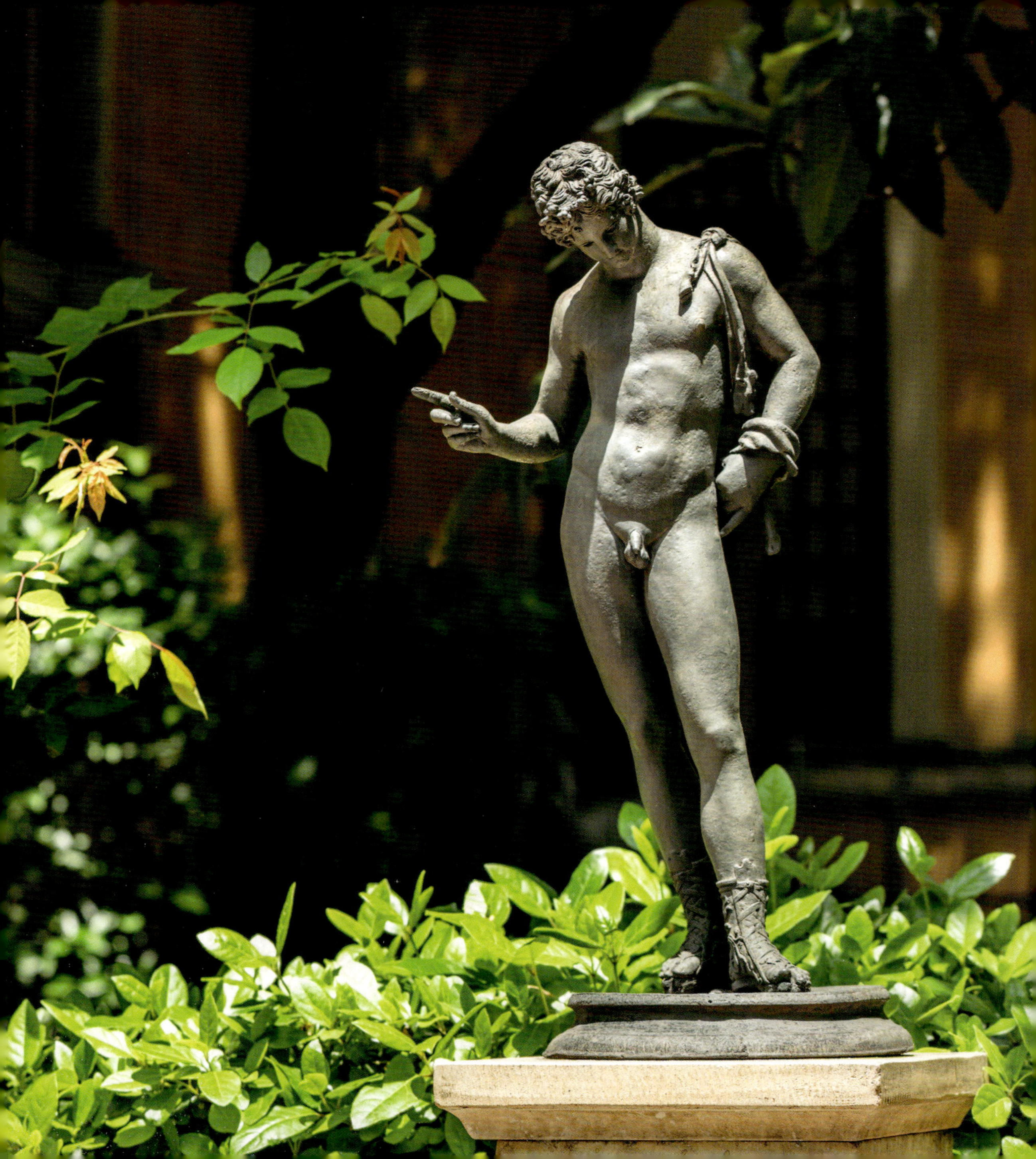

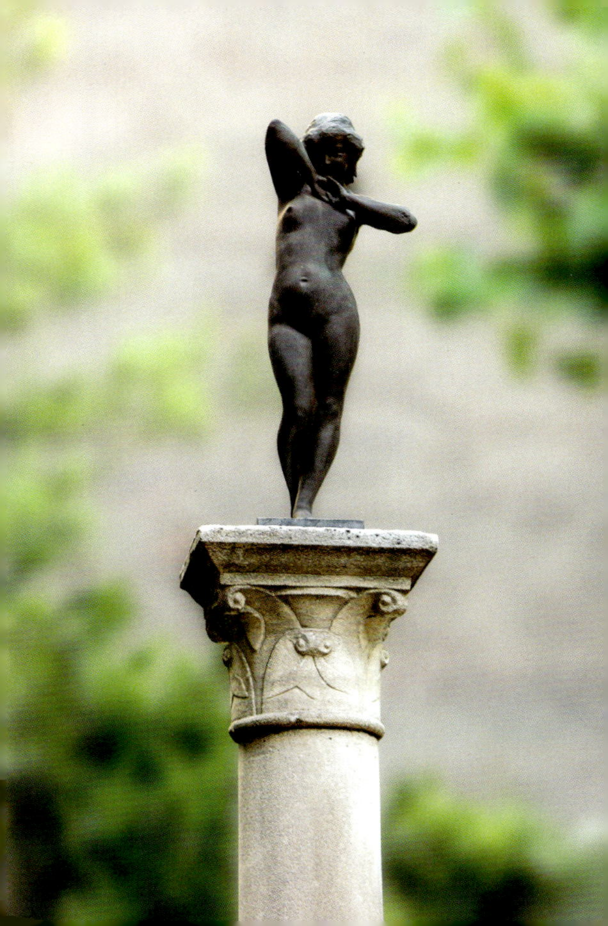

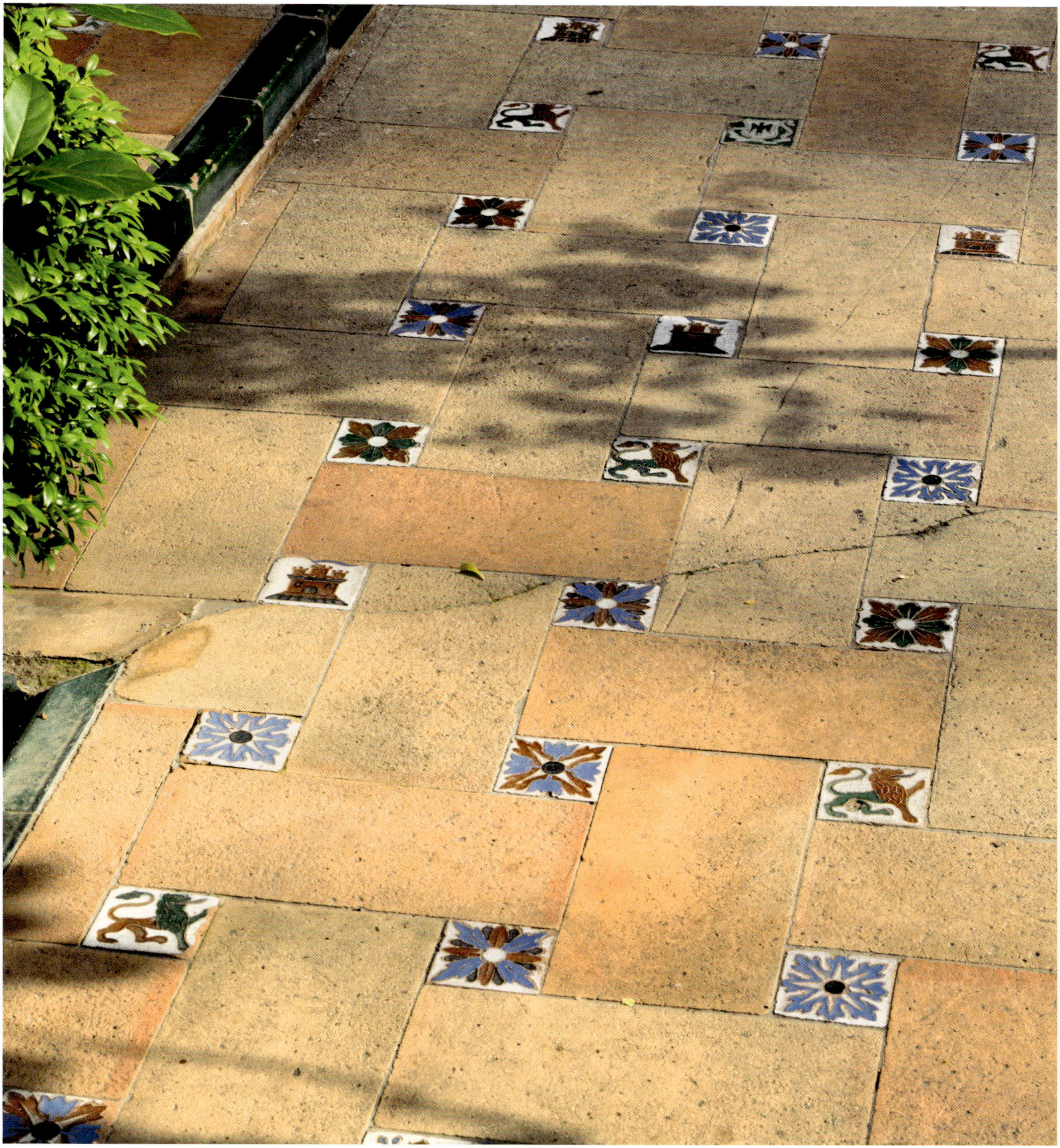

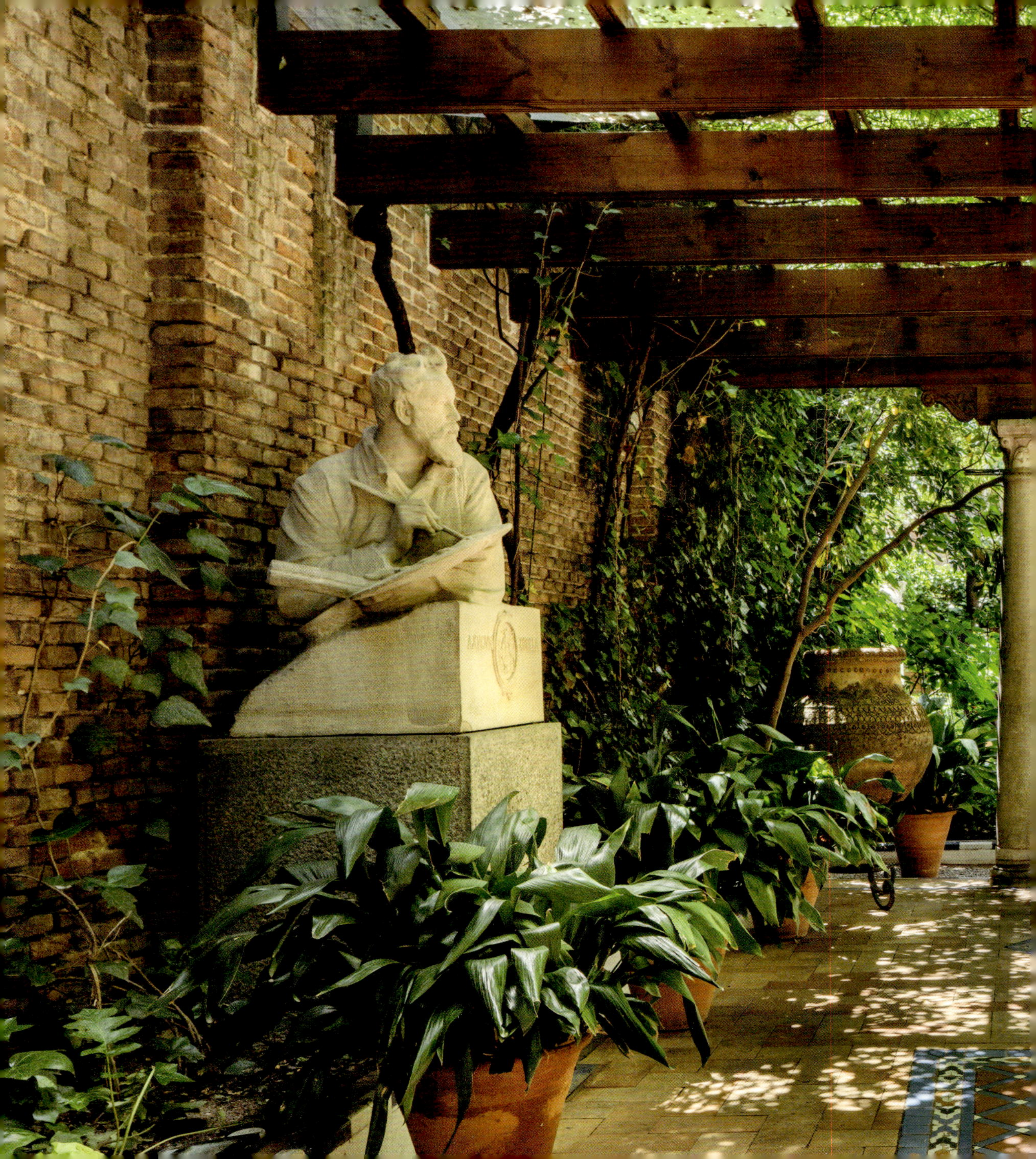

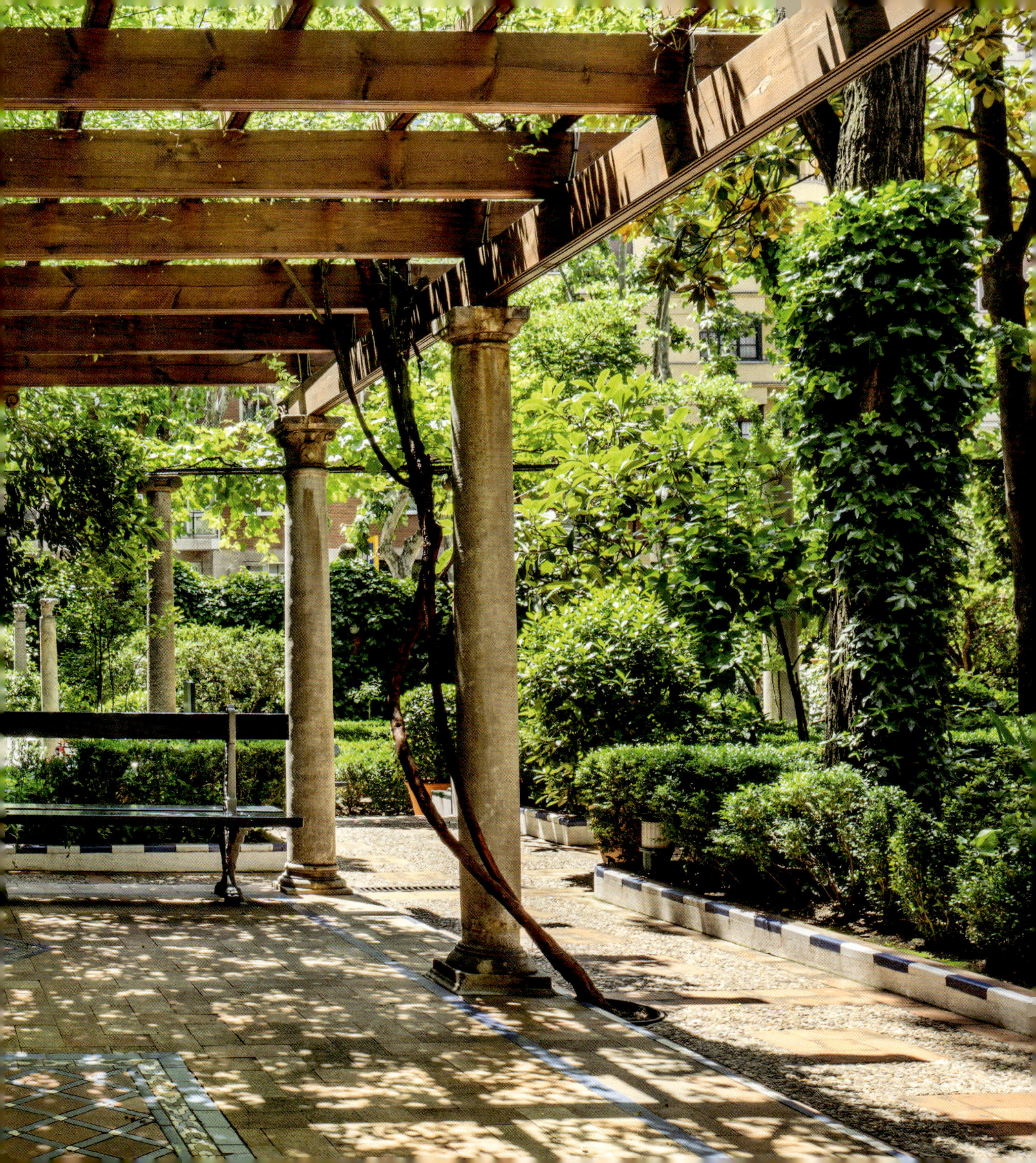

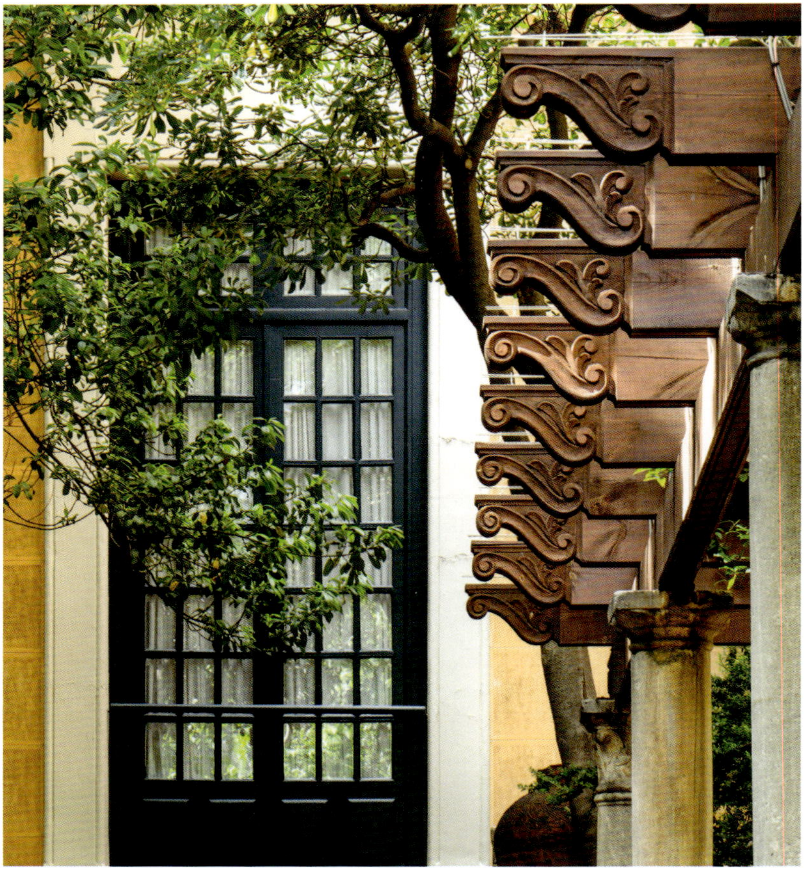

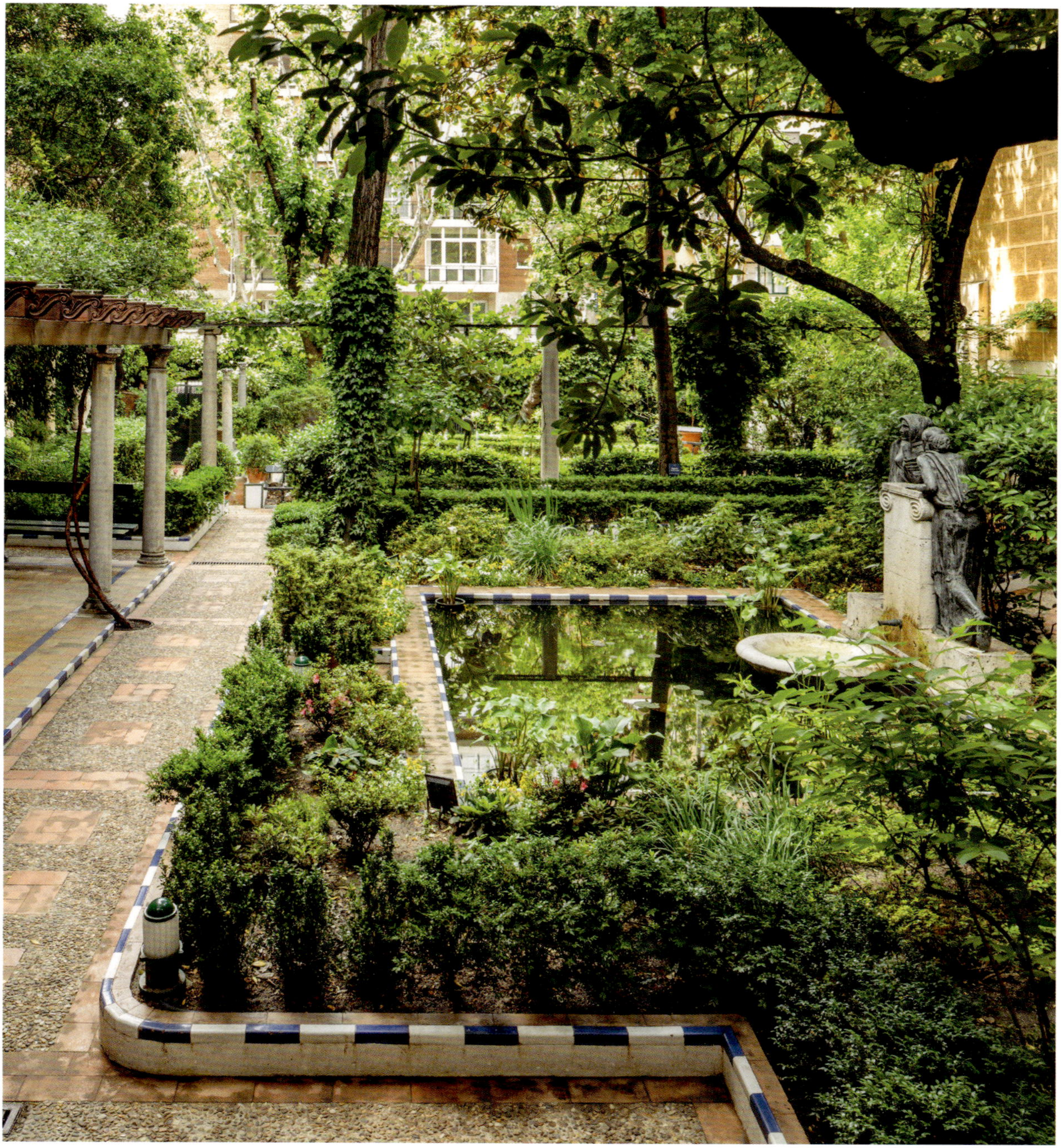

*"La excursión de ayer fue muy bonita, y el viejo jardín muy bonito, viejas estatuas, pinos hermosos y un caserón enorme... Lástima de villa, hubieras gozado porque hay ruinas interesantes."*

Alicante, 25 de noviembre de 1918

*"Yesterday's excursion was delightful and the old garden looked a picture, with its old statues, beautiful pine trees and an enormous mansion... The town was somewhat dilapidated but you would have enjoyed it because it has some interesting ruins."*

Alicante, 25th November, 1918

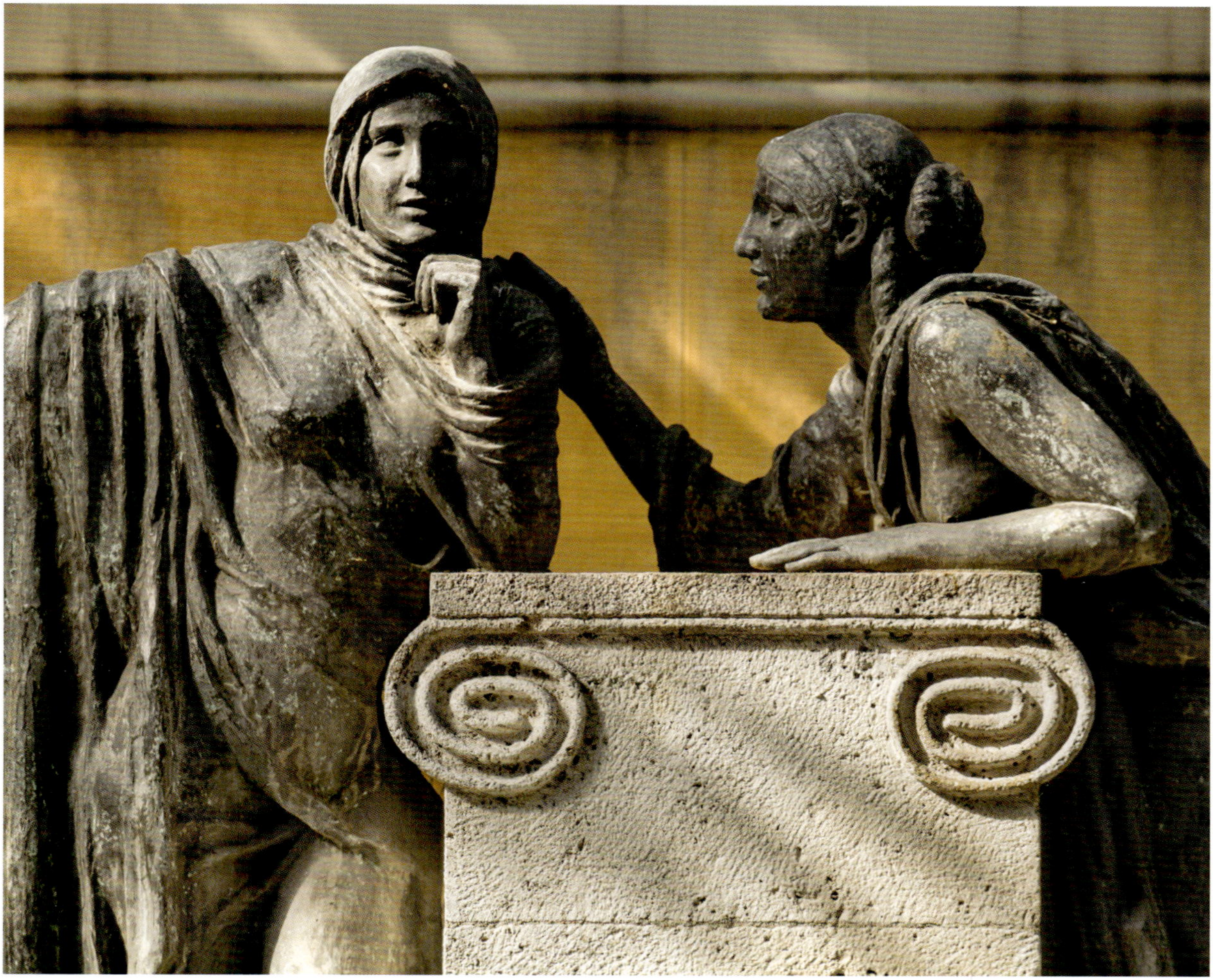

*"He recogido mucha simiente de arrayán y me llevaré unos cientos de brotes para ponerlos en el jardín."*

Granada, 4 de febrero de 1917

*"I've gathered a lot of myrtle seeds and will take a few hundred shoots to plant in the garden."*

Granada, 4th February 1917

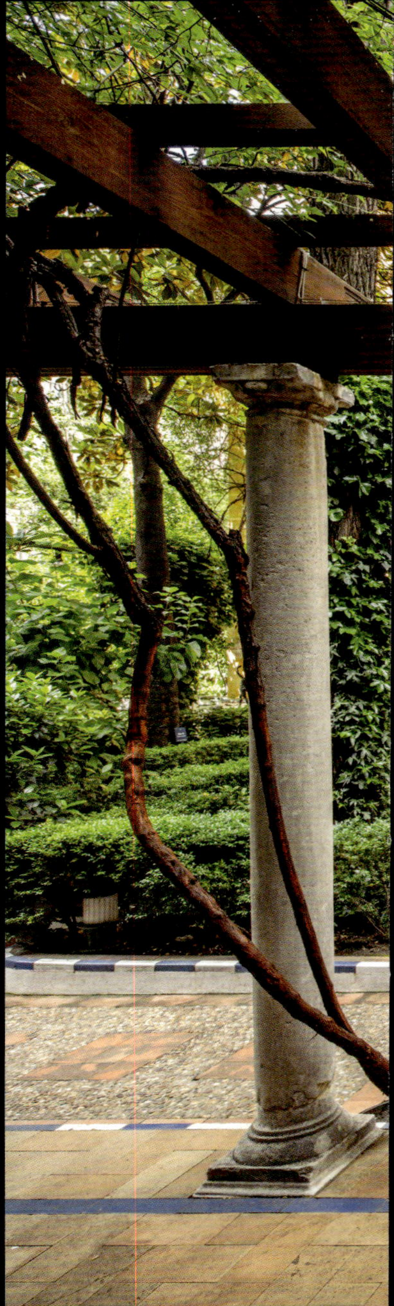

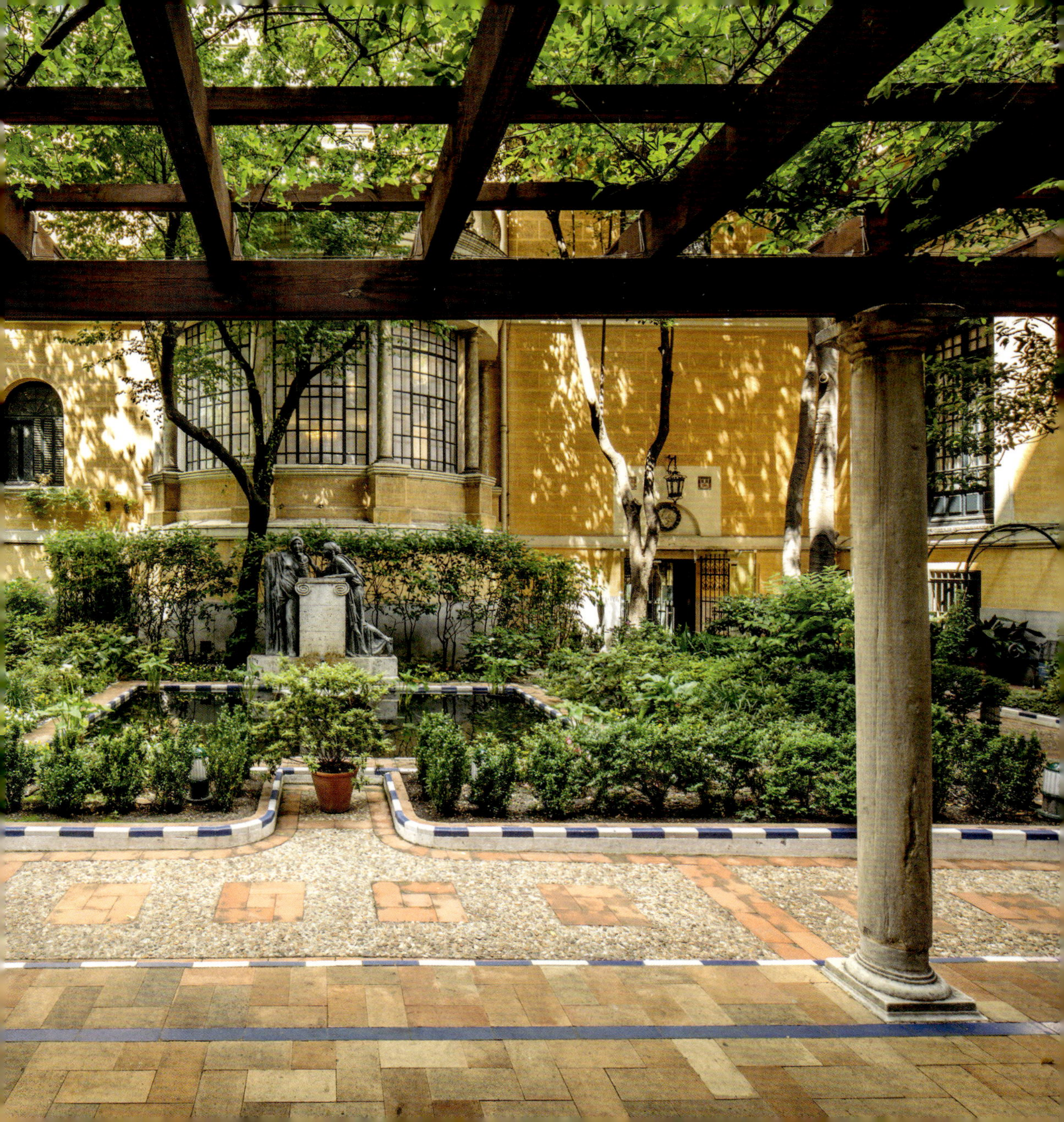

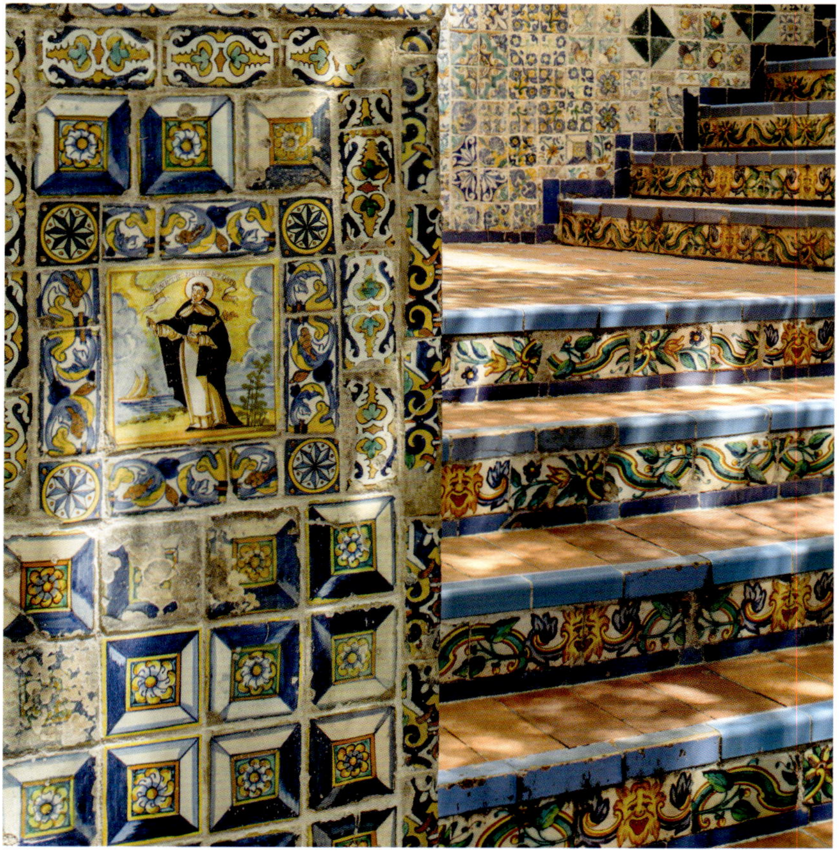

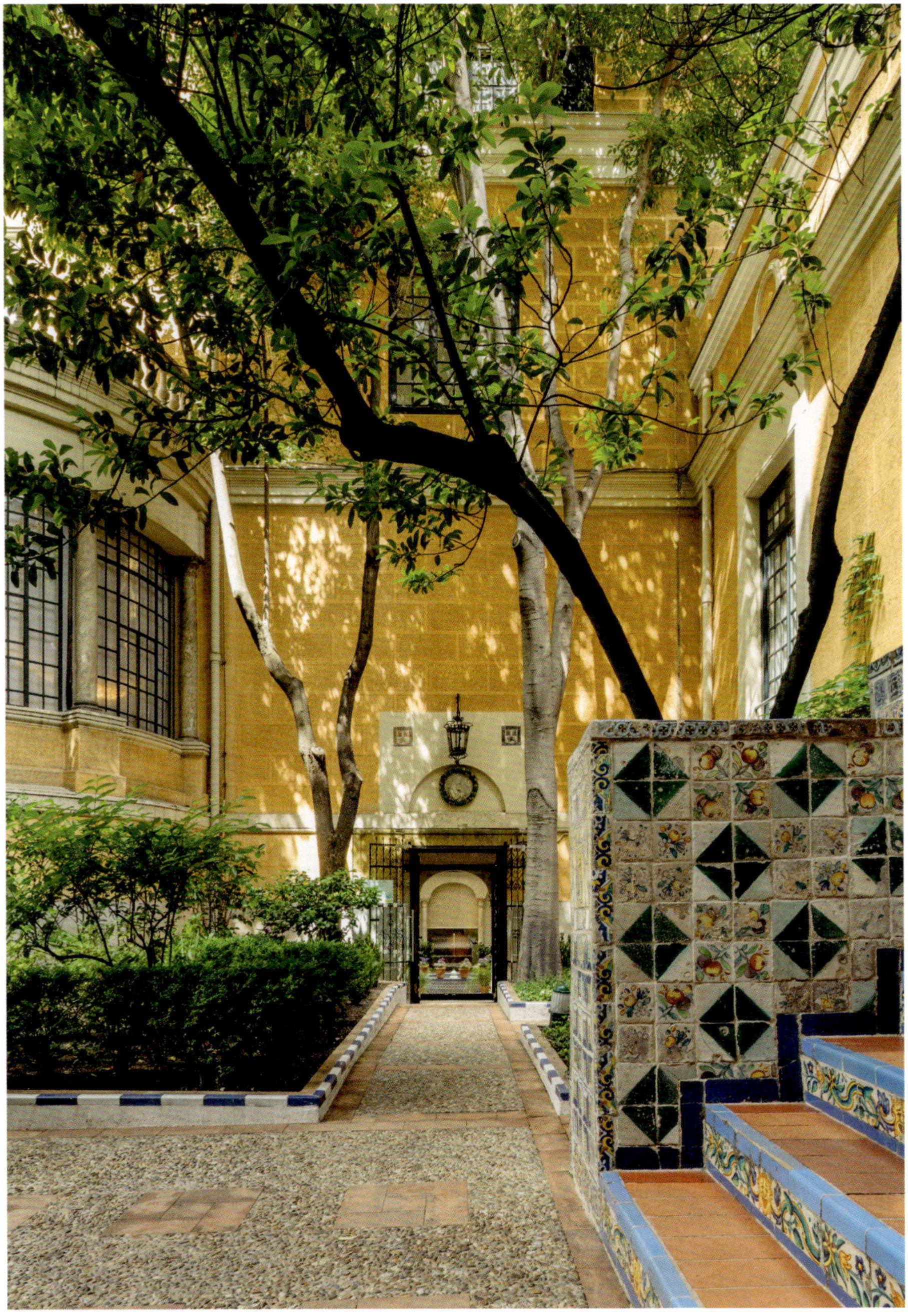

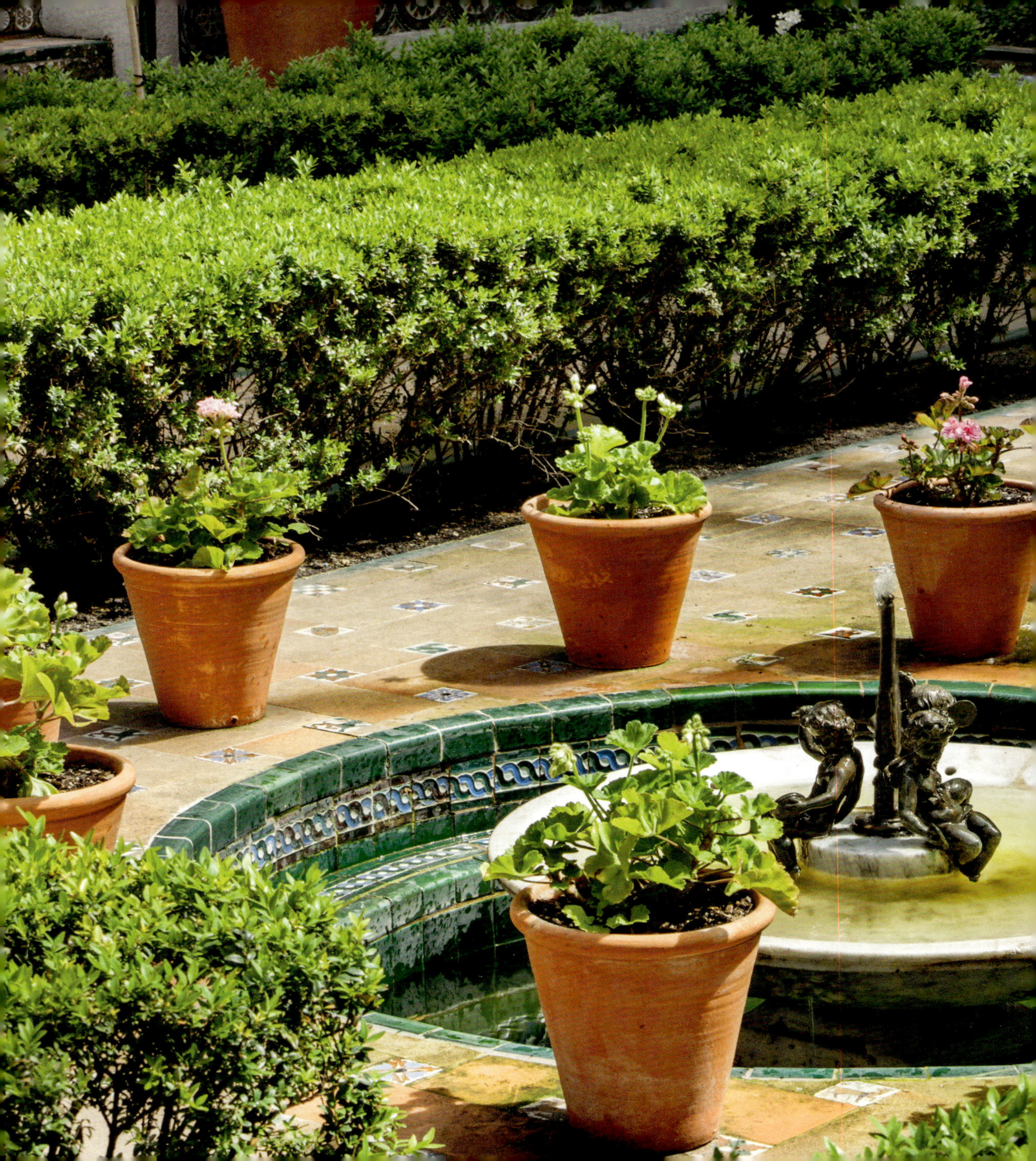

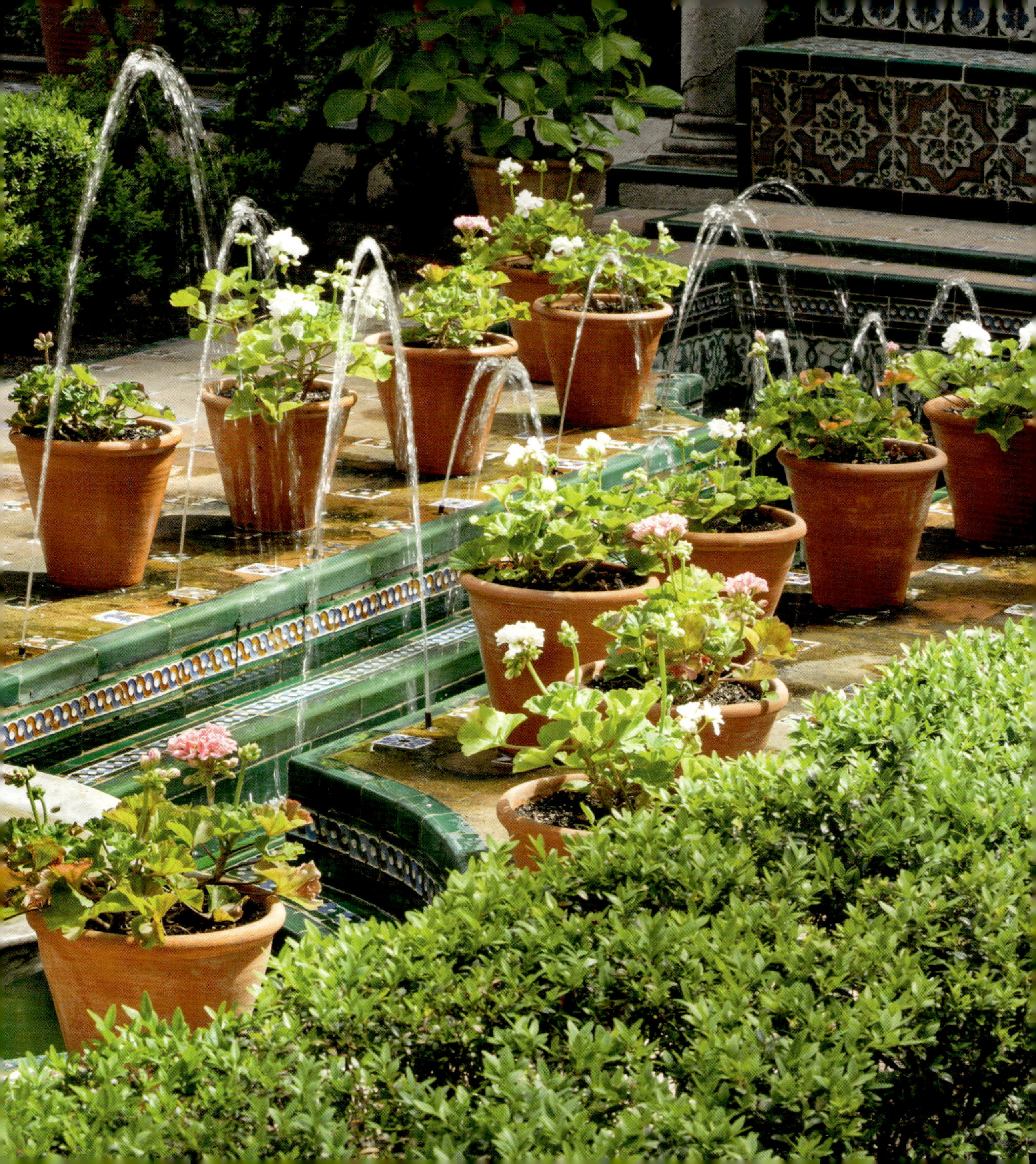

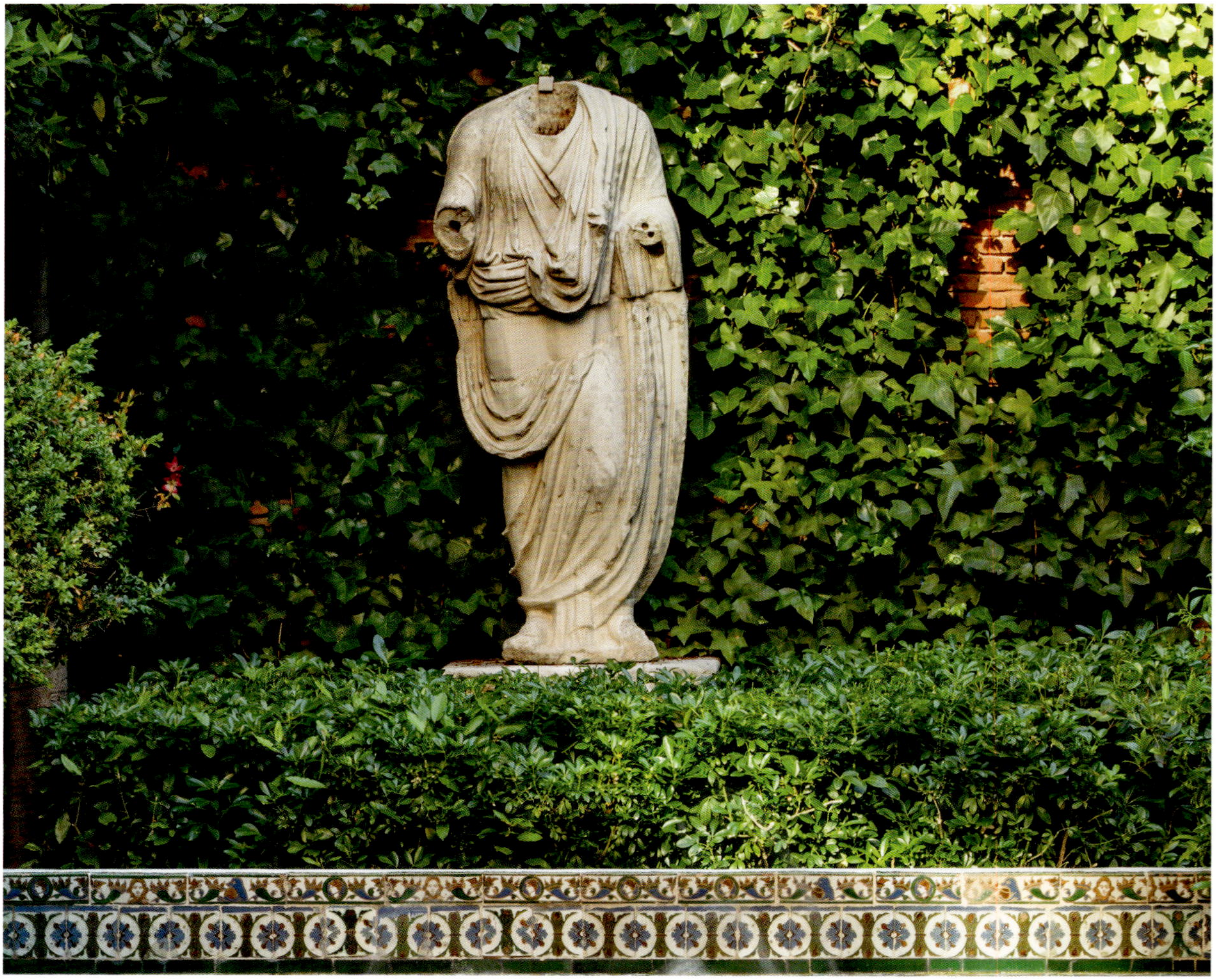

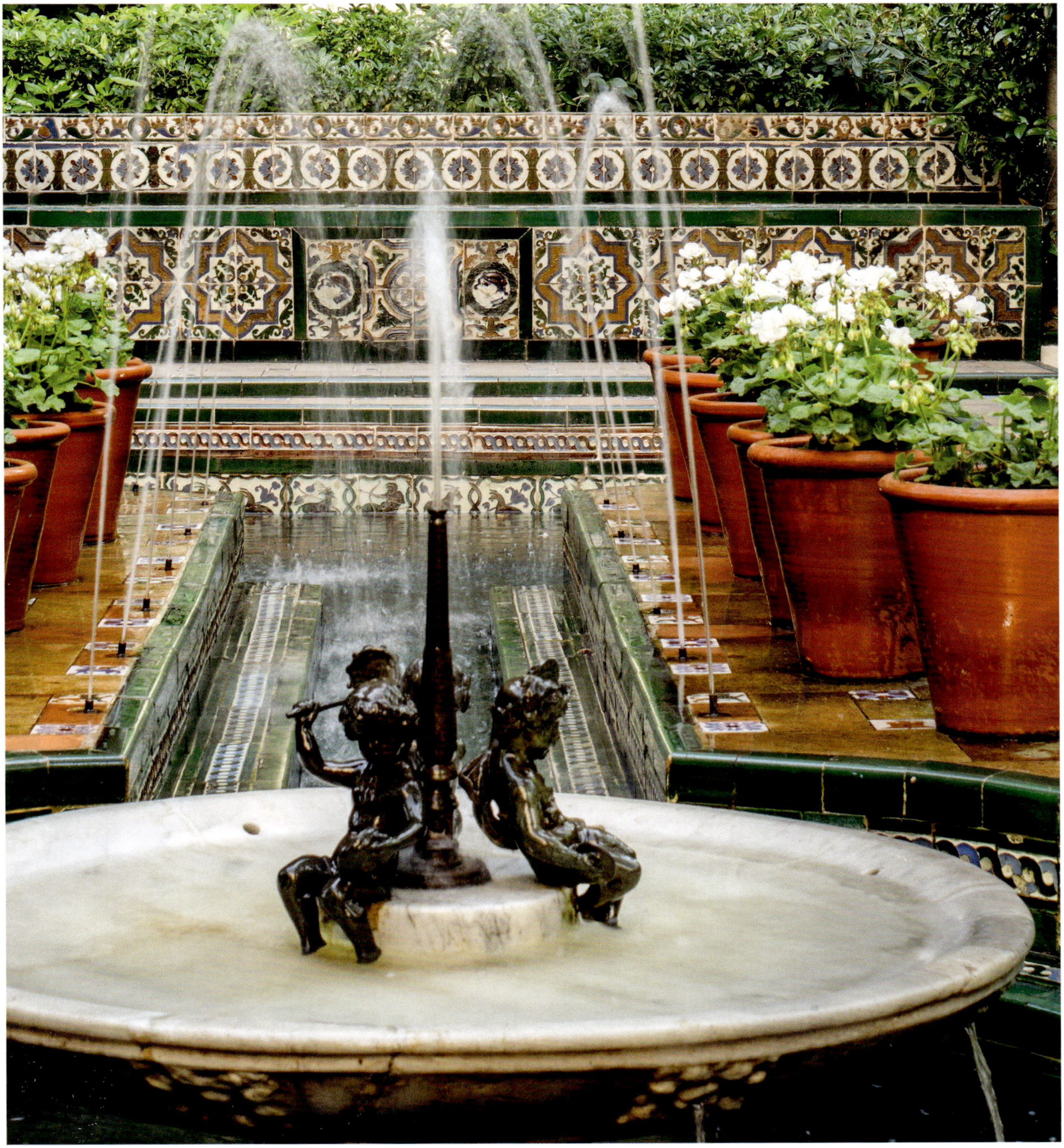

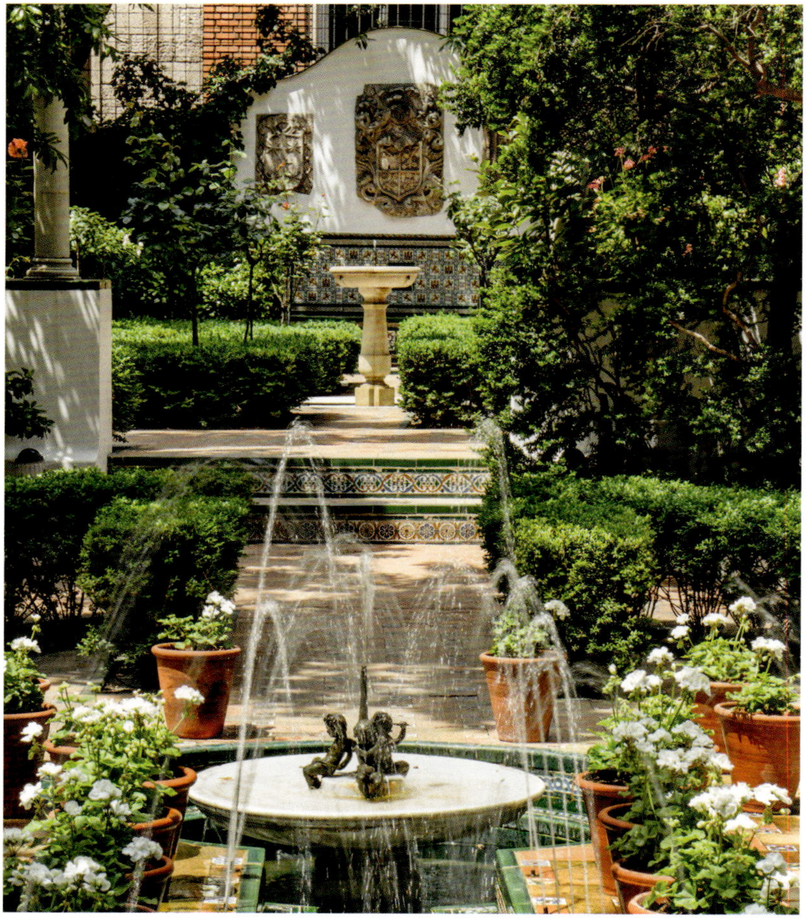

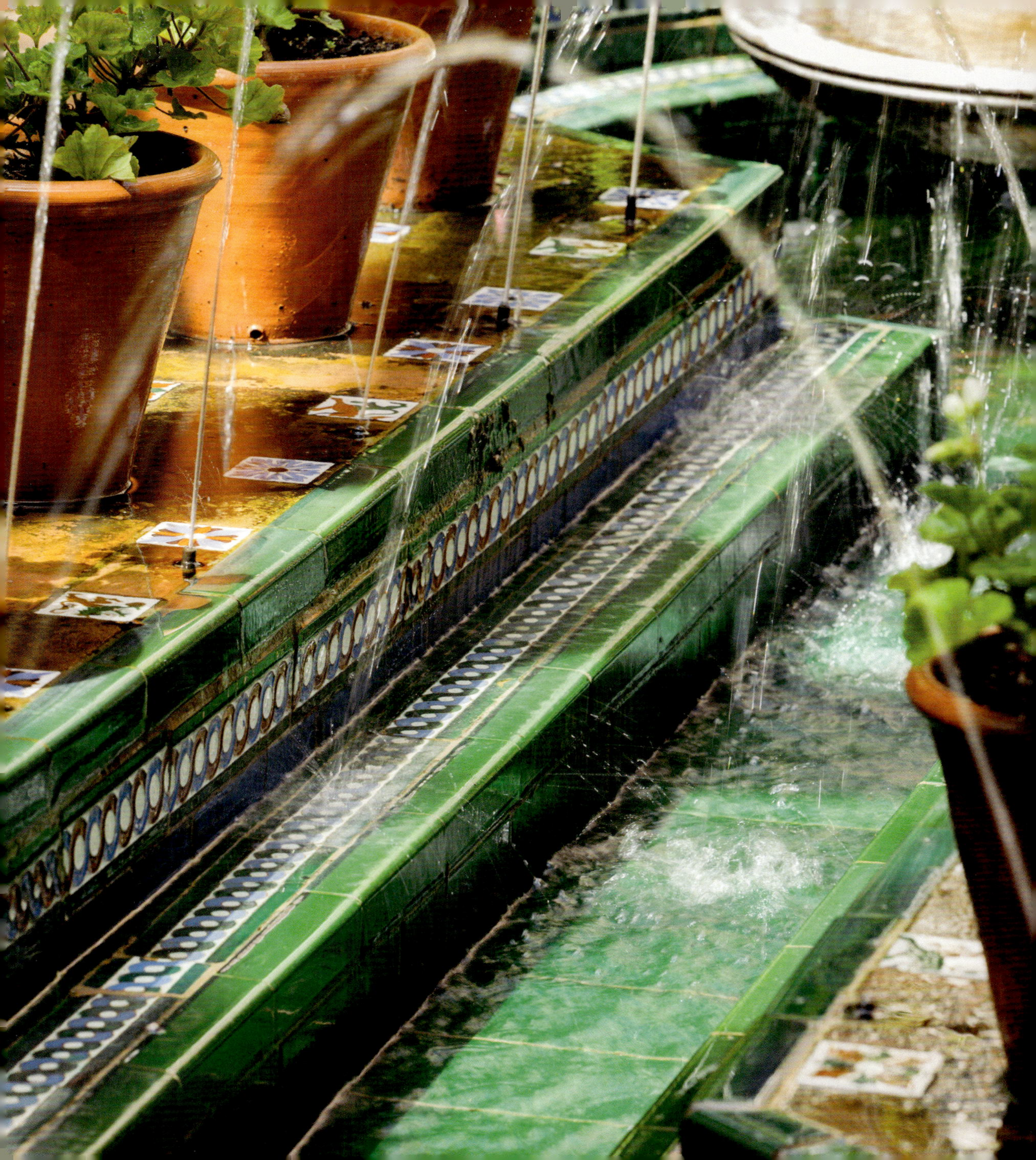

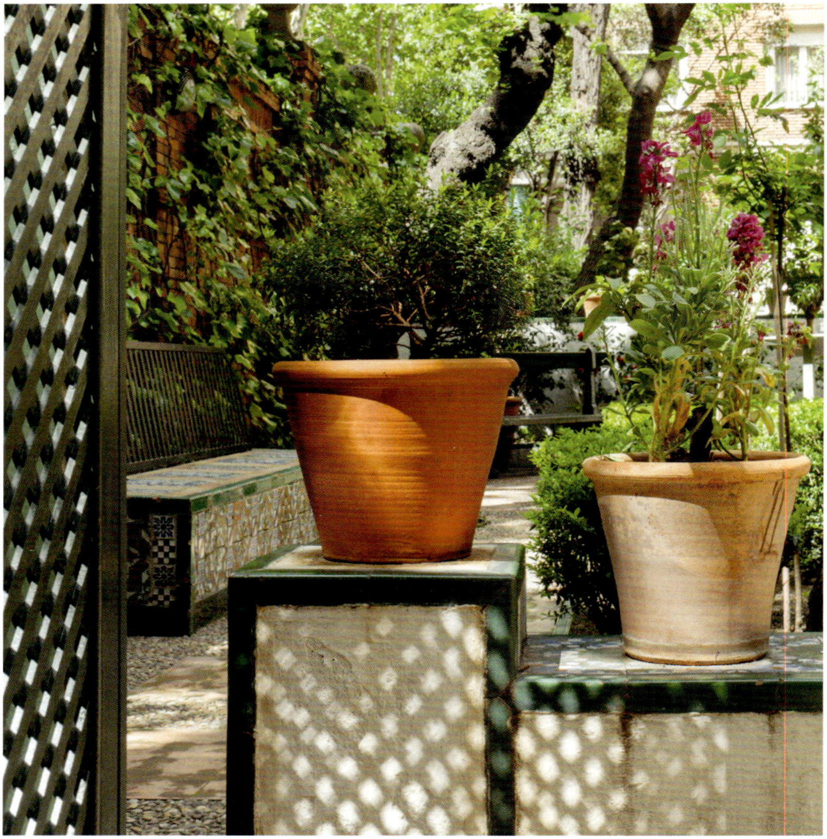

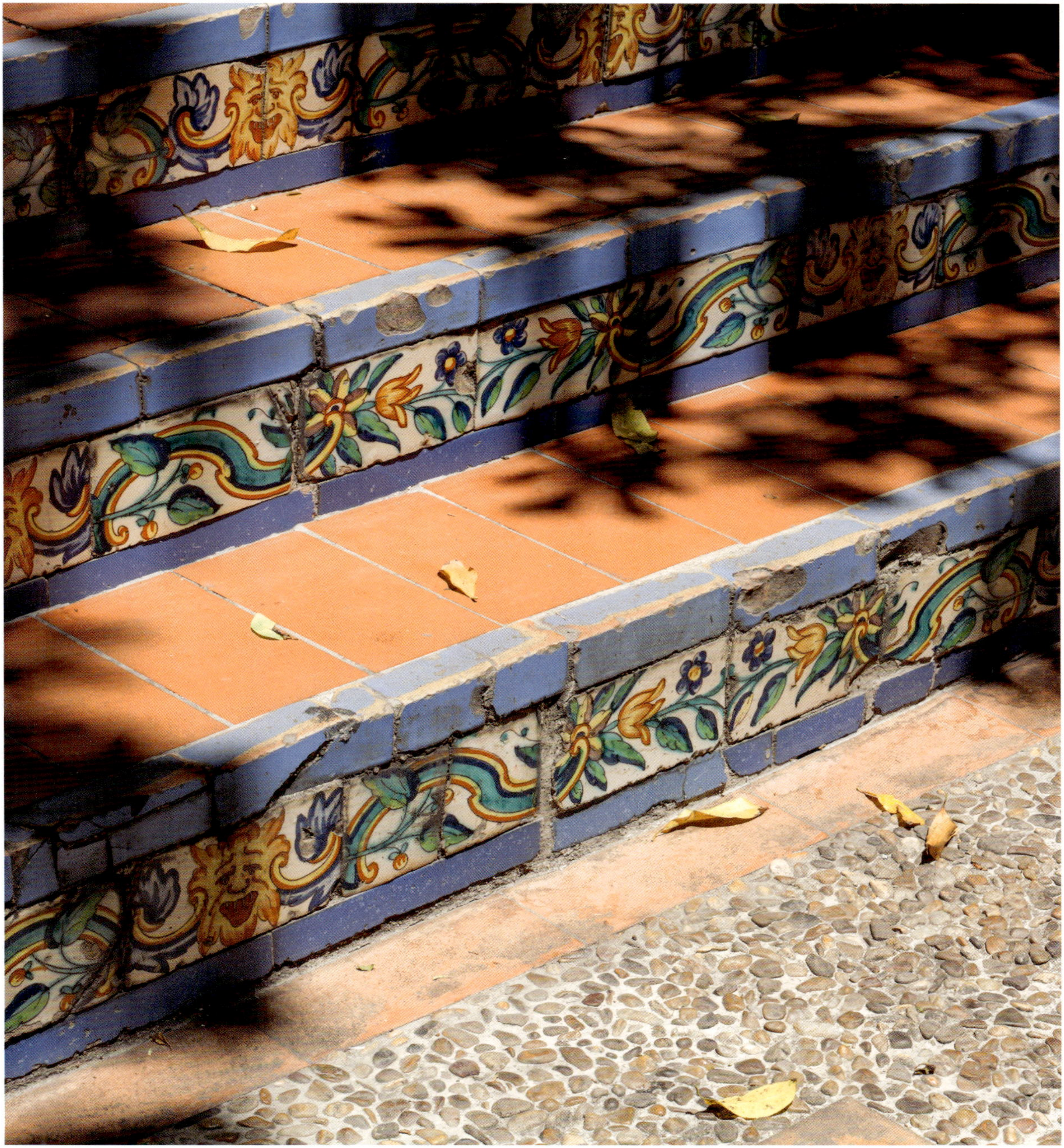

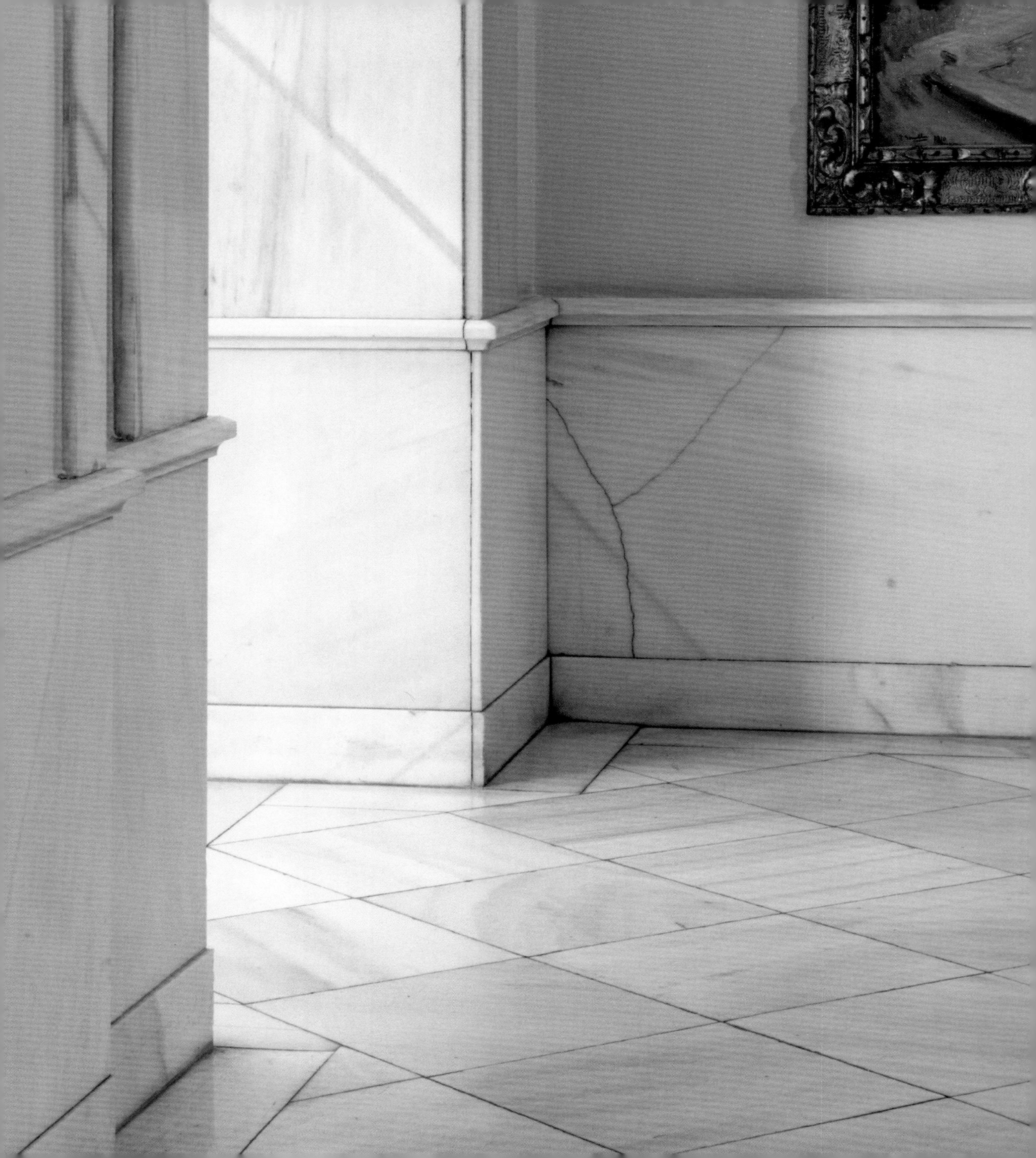

# La casa

Un hogar para vivir, un lugar para recibir. El Mediterráneo se instala en los suelos y las paredes frescas de mármol. El verdor de los jardines penetra por sus ventanas. La luz invade las estancias. La planta principal destila elegancia, distinción y belleza, es el espacio para acoger las visitas, el espacio de sociabilidad. La planta primera lleva a la intimidad, eran las estancias privadas de la familia (hoy desaparecidas). Sorolla decora la casa con antigüedades, esculturas contemporáneas, retratos de su familia, lámparas de diseño... Y pinta en un original friso continuo a las mujeres de su casa colgando unas fabulosas guirnaldas vegetales con frutos en el comedor.

# The house

A home to live in; a place to welcome guests. The floors and cool marble walls evoke the Mediterranean. The verdant hues of the gardens penetrate the windows. Light floods into the rooms. The ground floor exudes elegance, distinction and beauty; it is the space for hosting visitors, a space for socialising. The first floor takes us to the private realm and the rooms where the family lived (these rooms no longer exist). Sorolla decorated the house with antiques, contemporary sculptures, portraits of the family, designer lamps... And he depicted the women of the house with fabulous garlands of fruit in a continuous mural around the walls of the dining room.

*"He aspirado, alma mía,
el hermoso olor a azahar."*

Londres, 4 de mayo de 1908

*"My love, I have breathed in the
beautiful scent of orange blossom."*

London, 4th May 1908

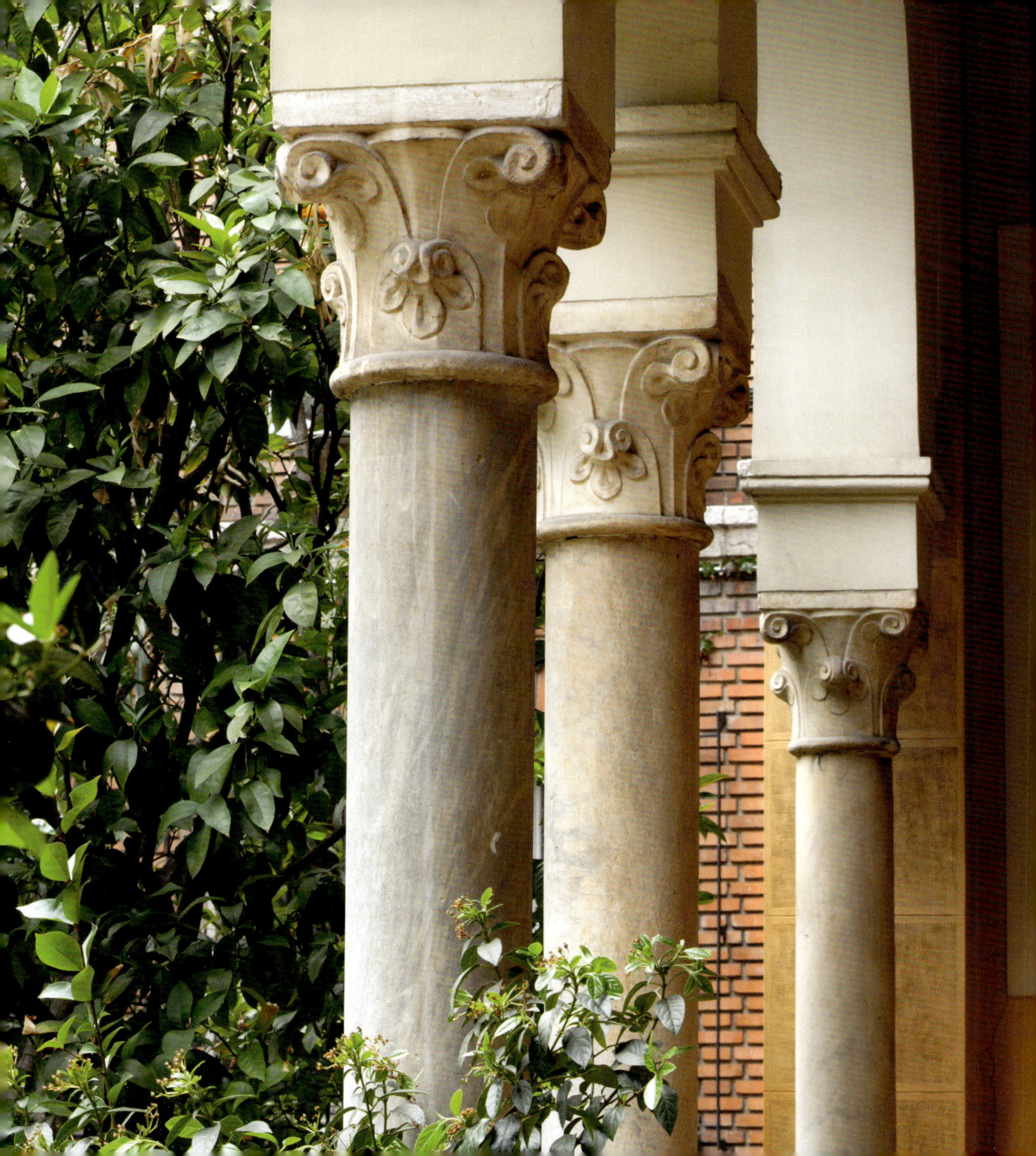

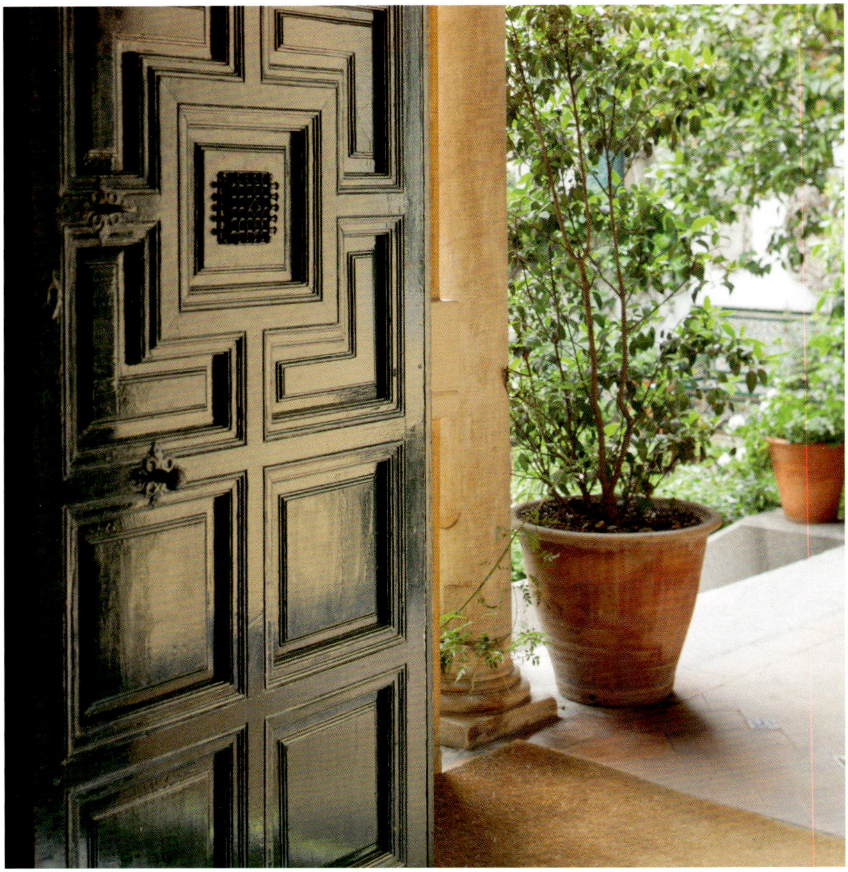

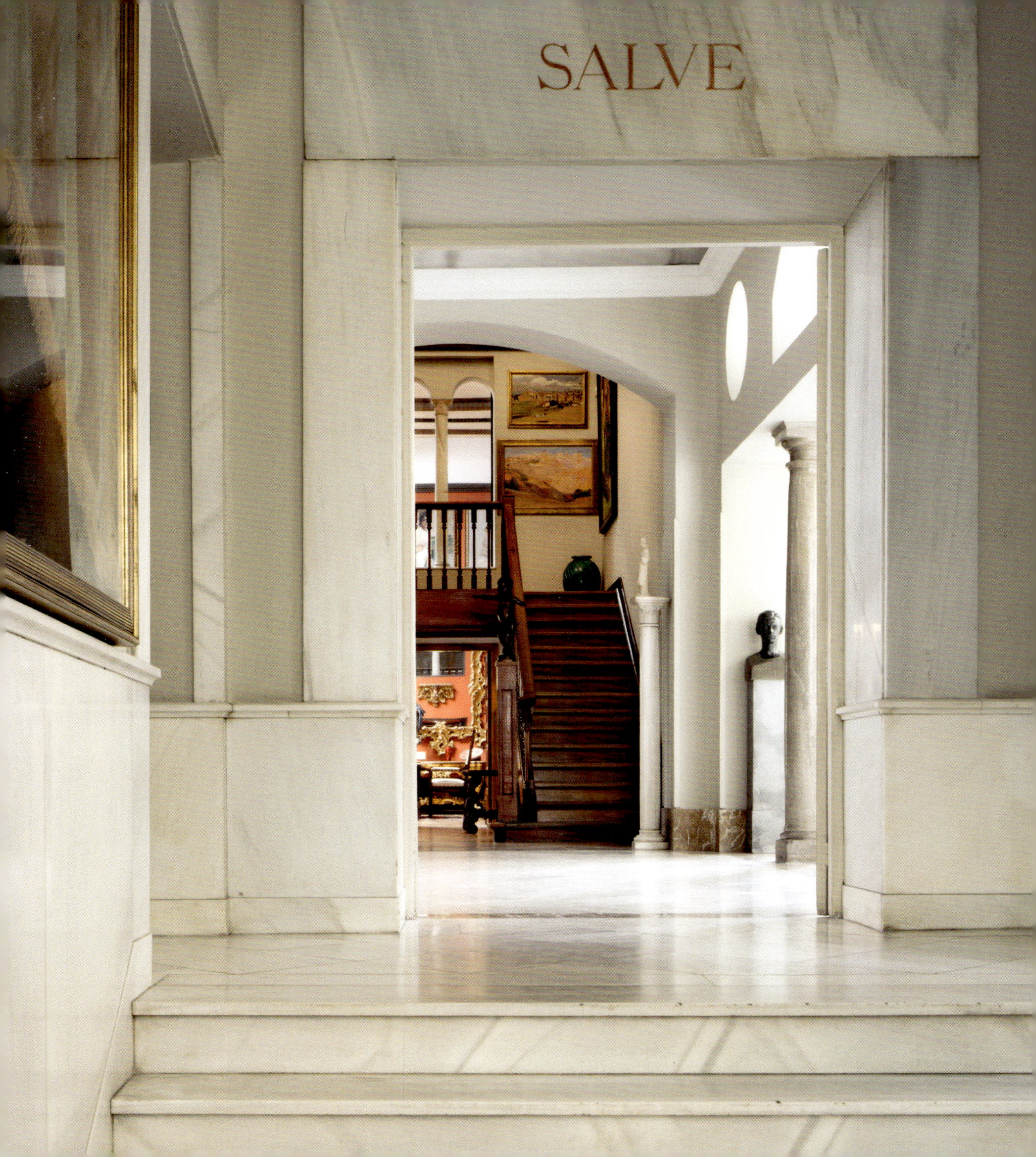
SALVE

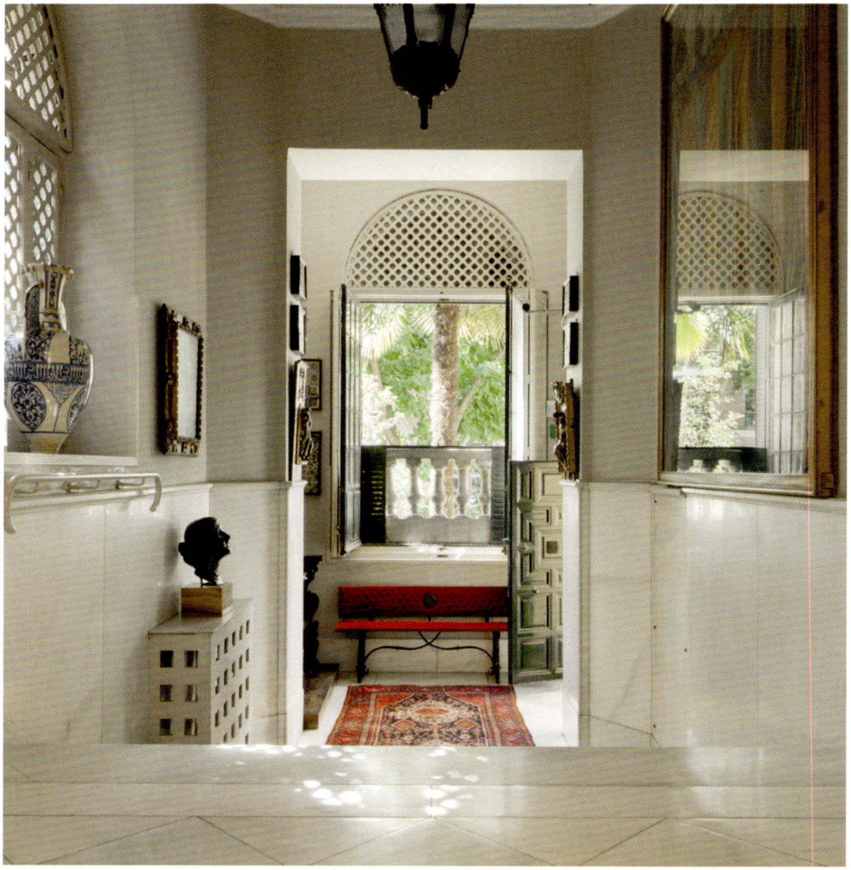

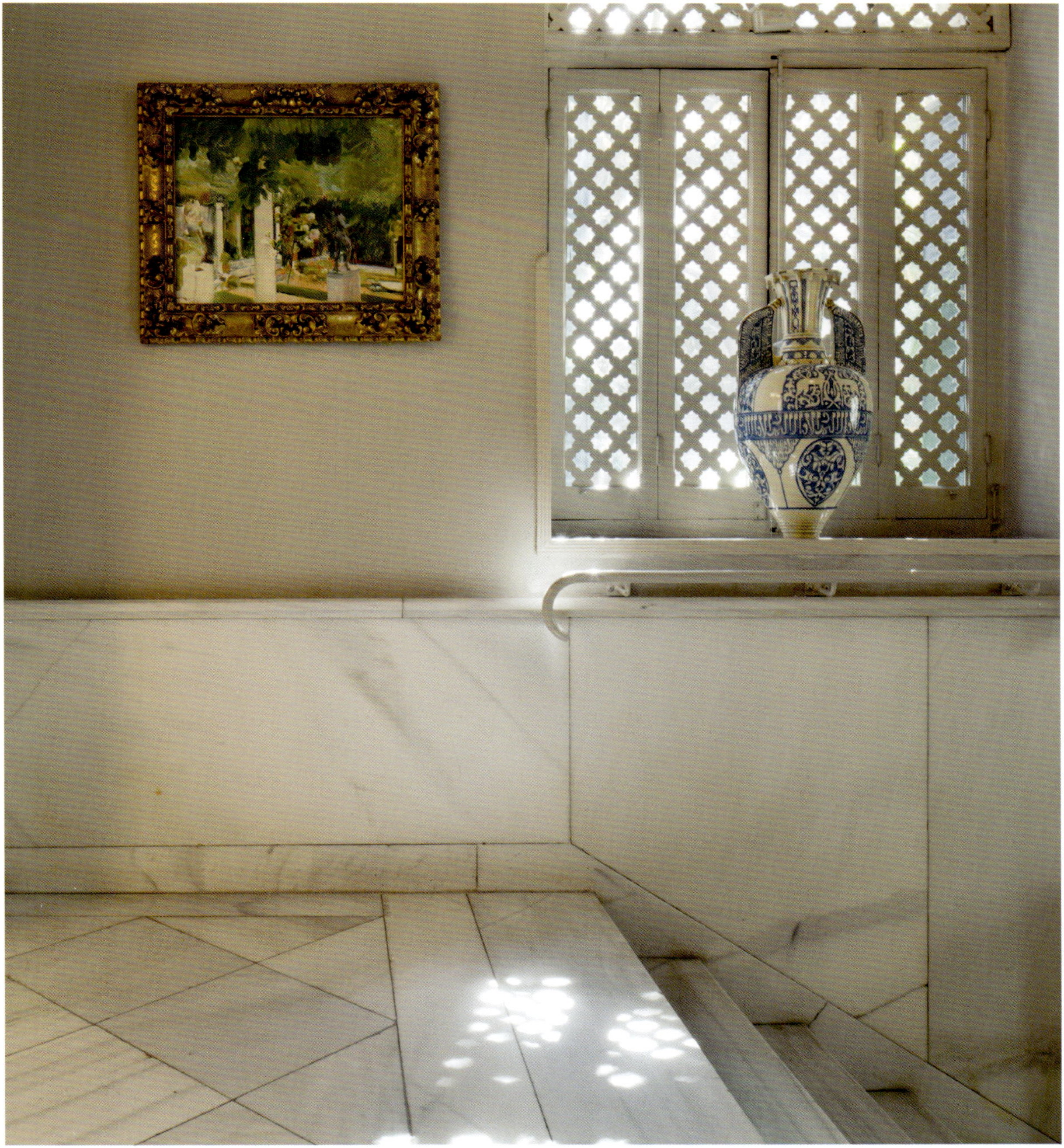

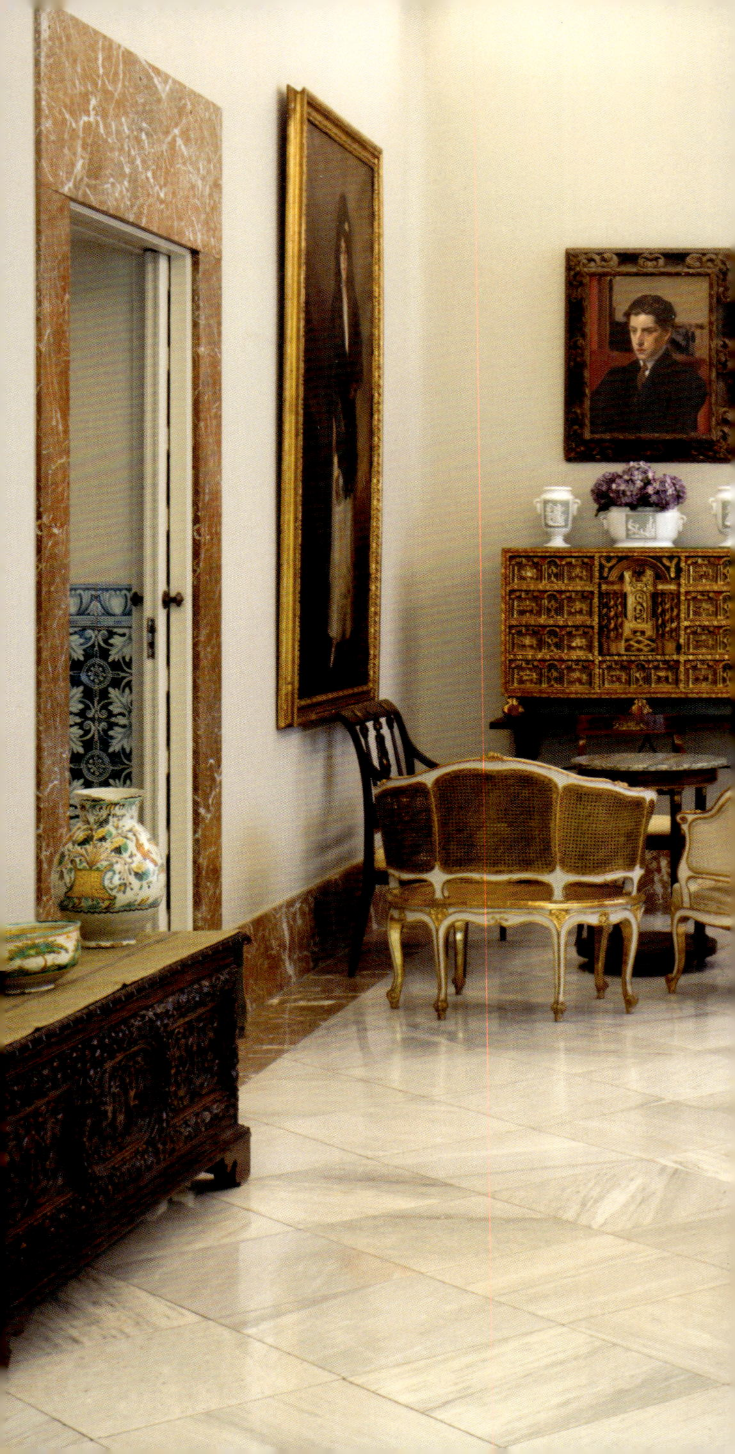

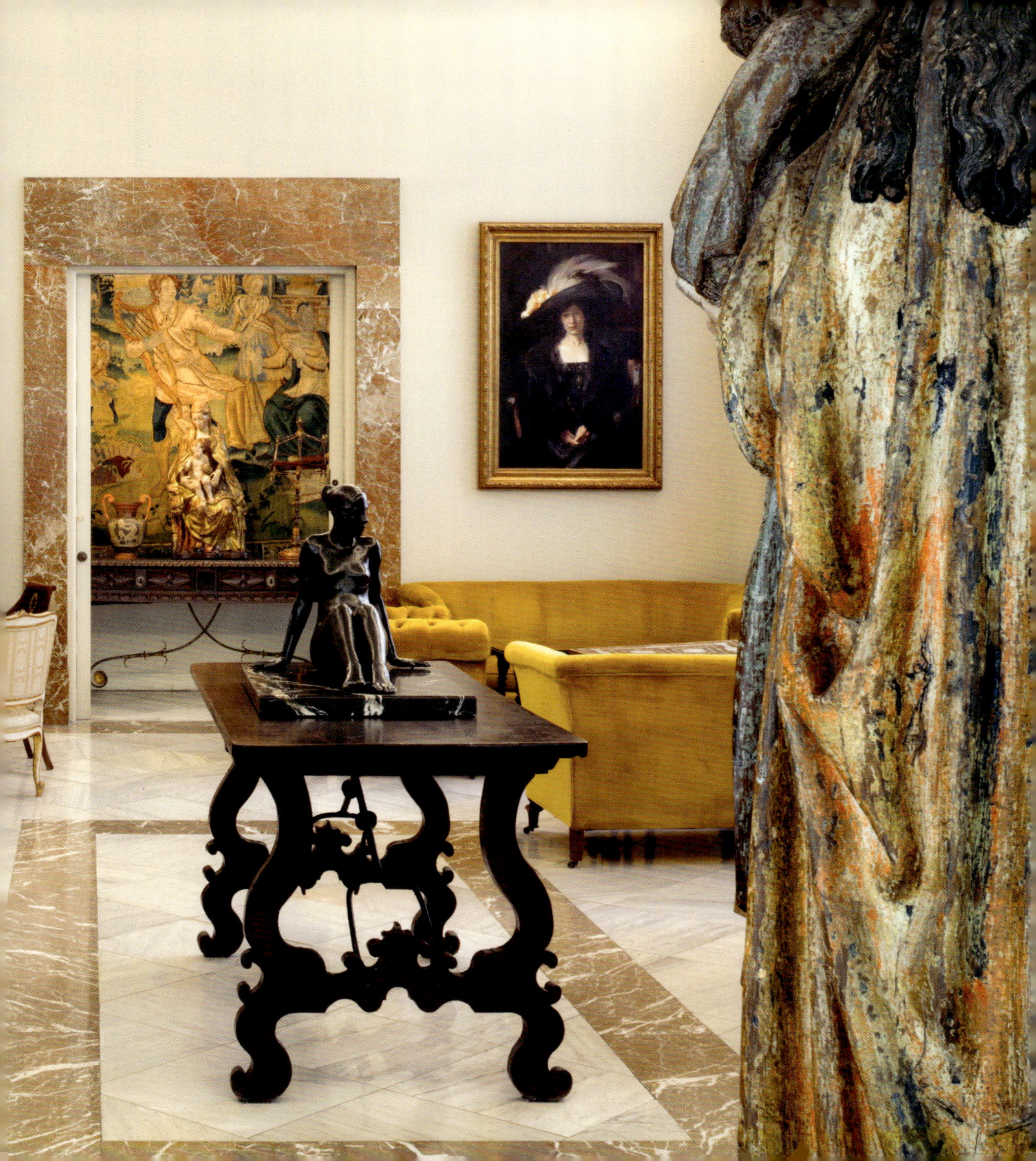

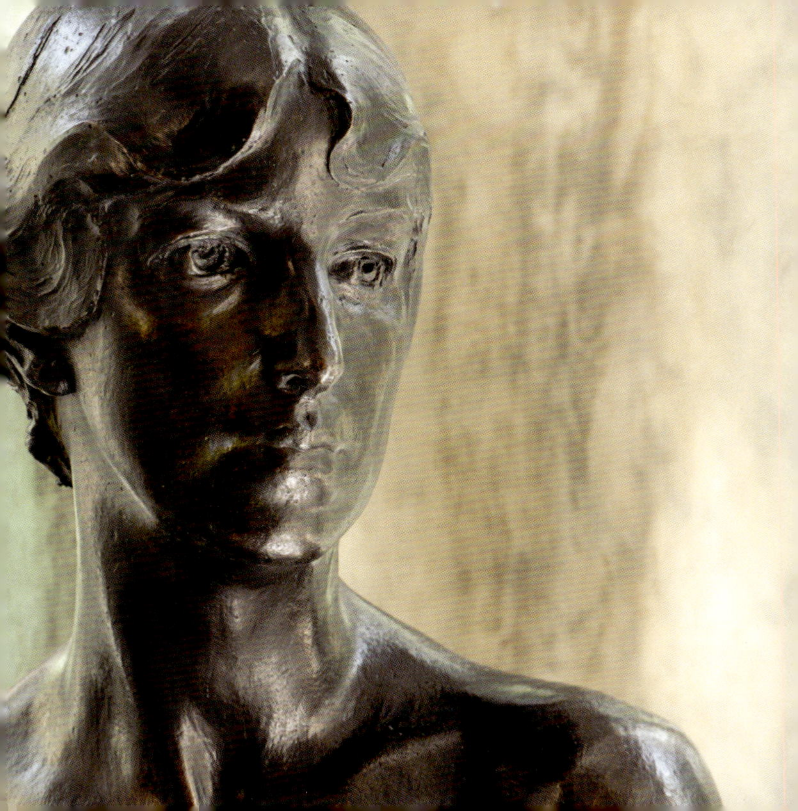

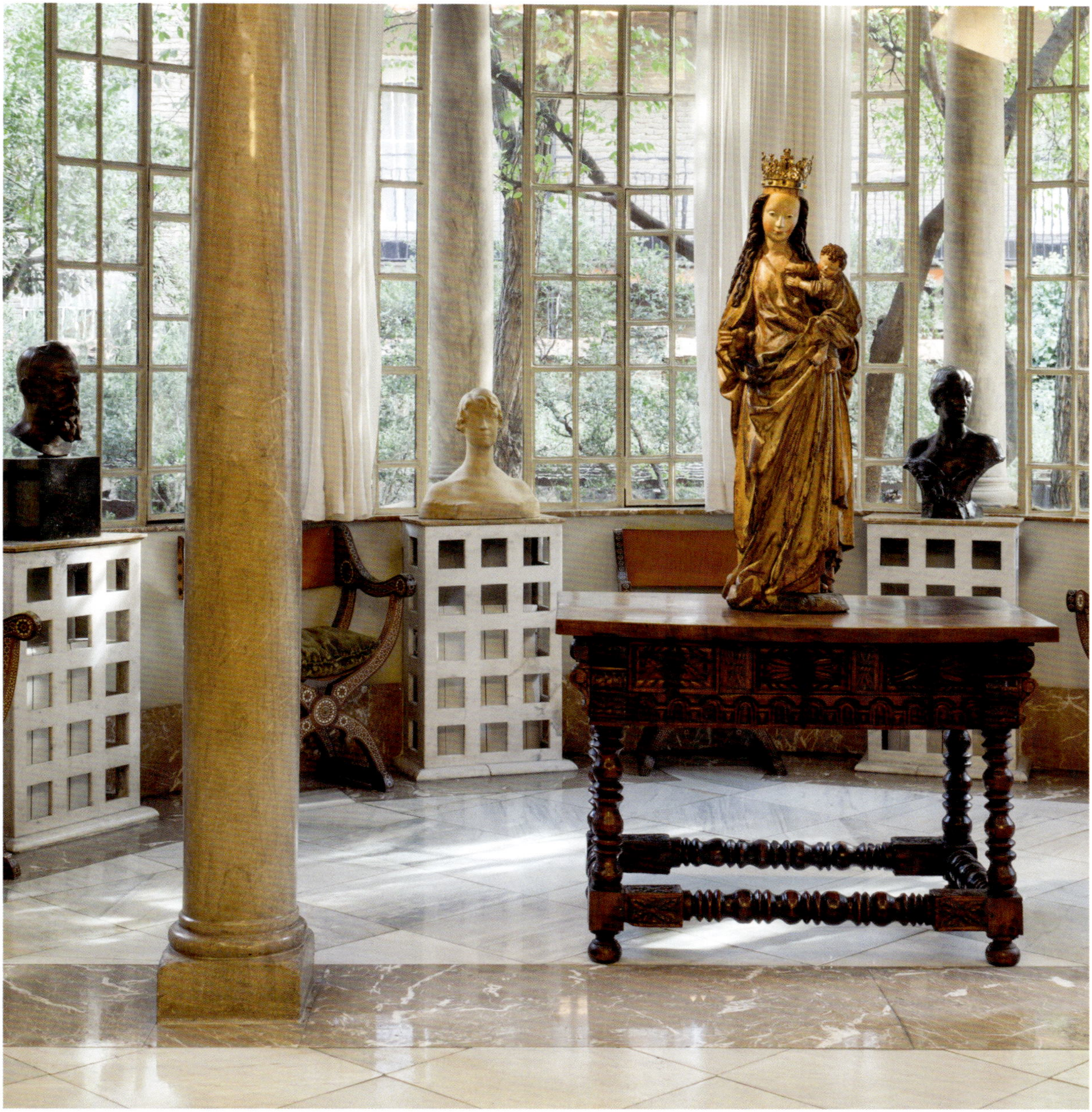

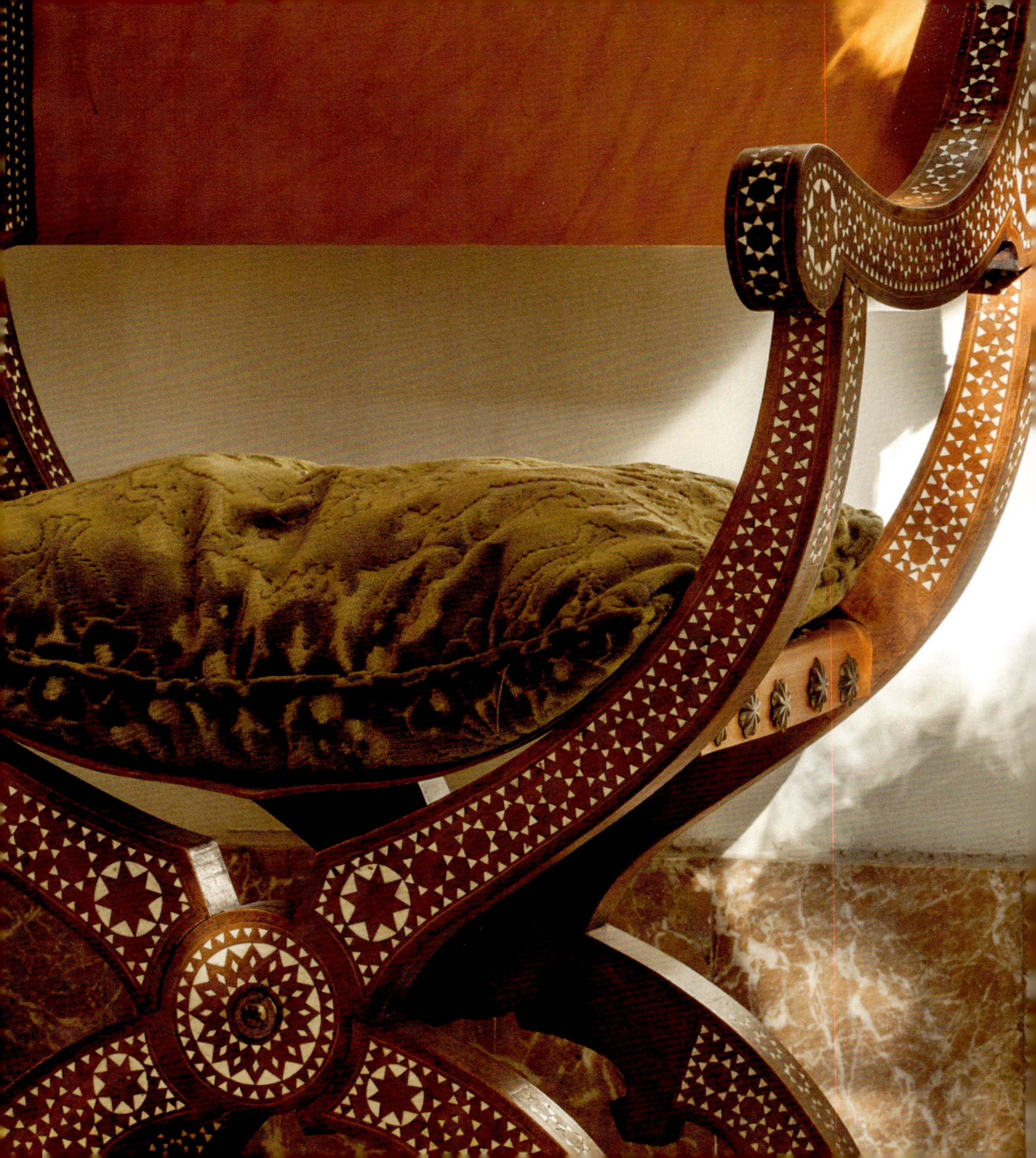

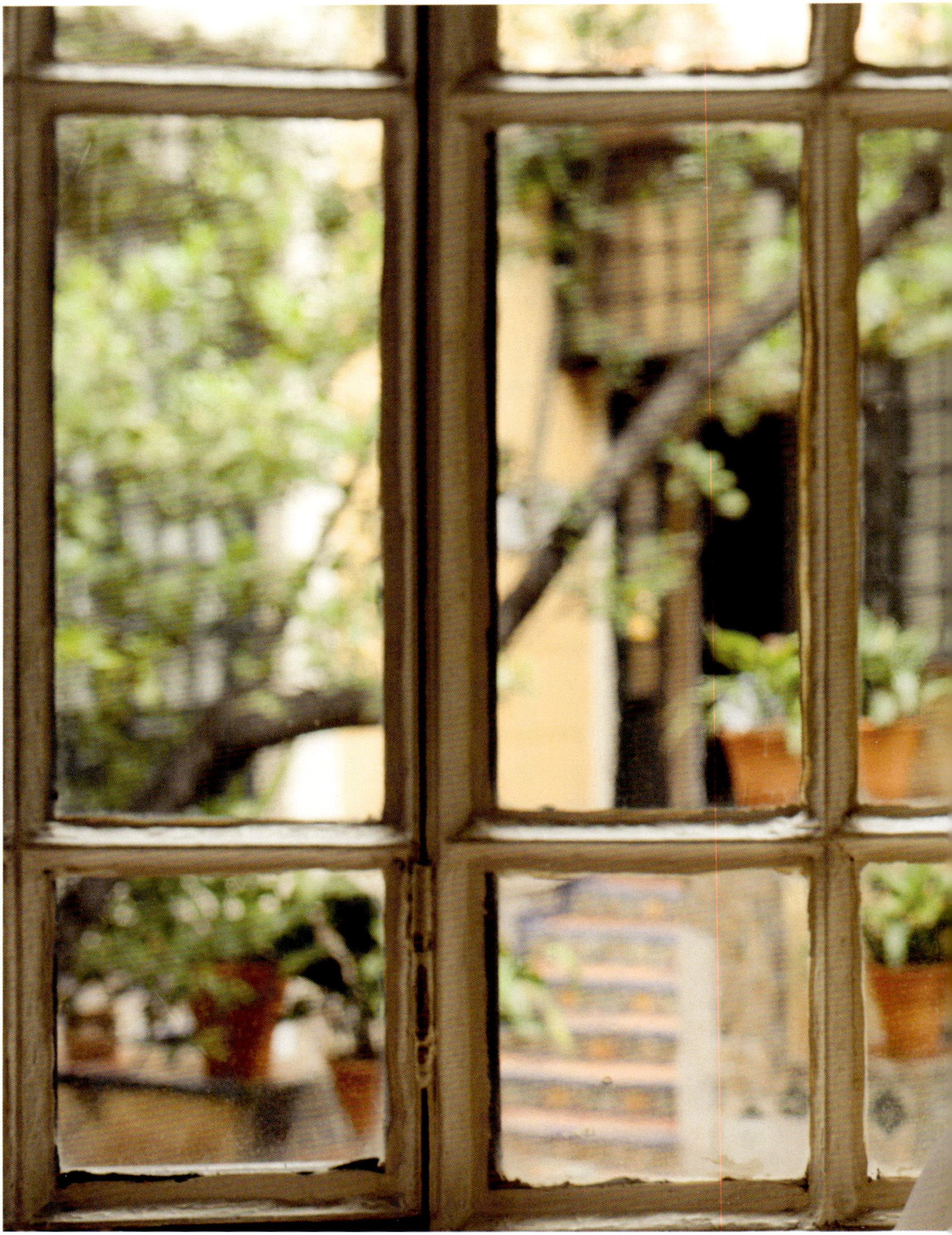

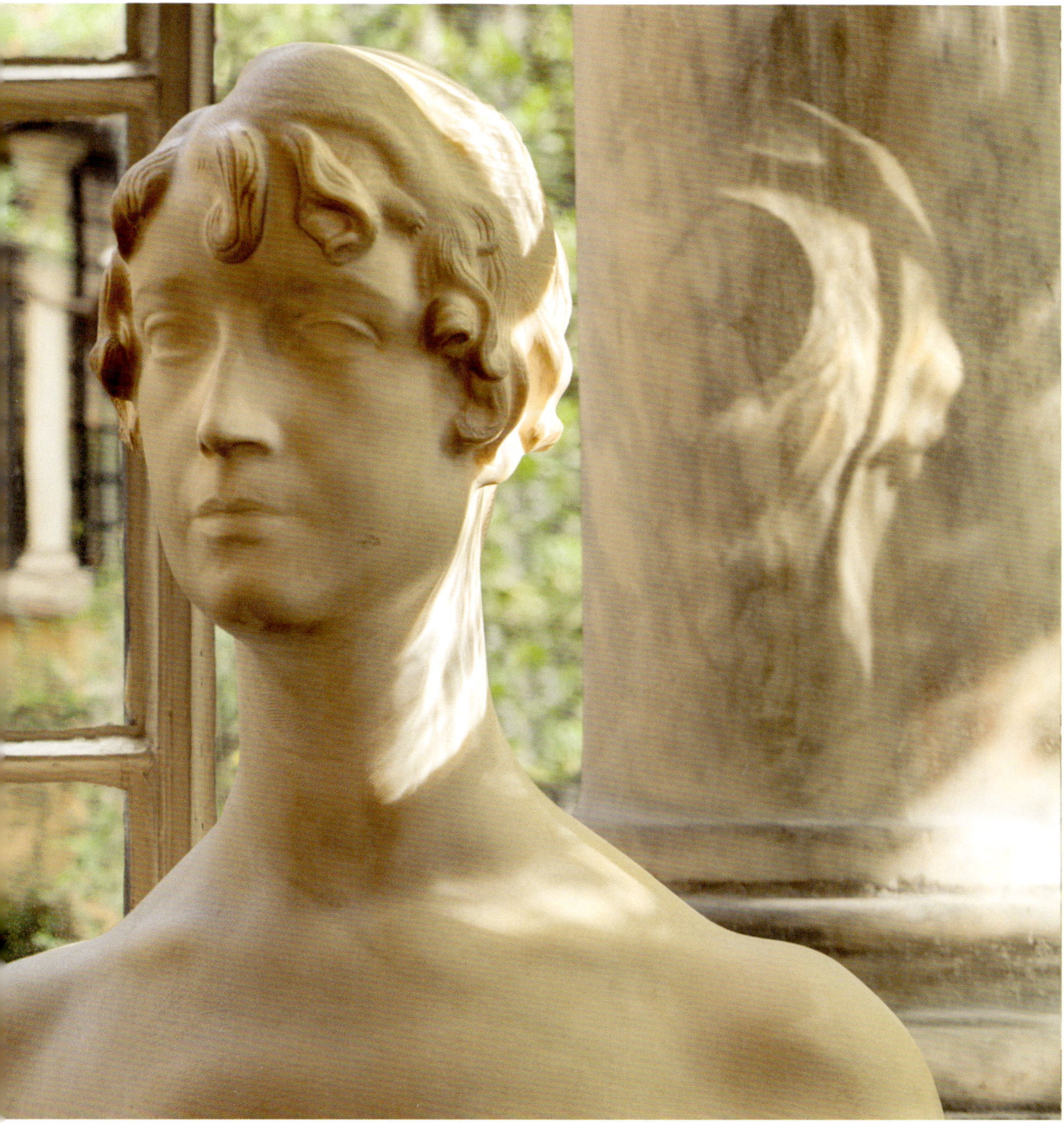

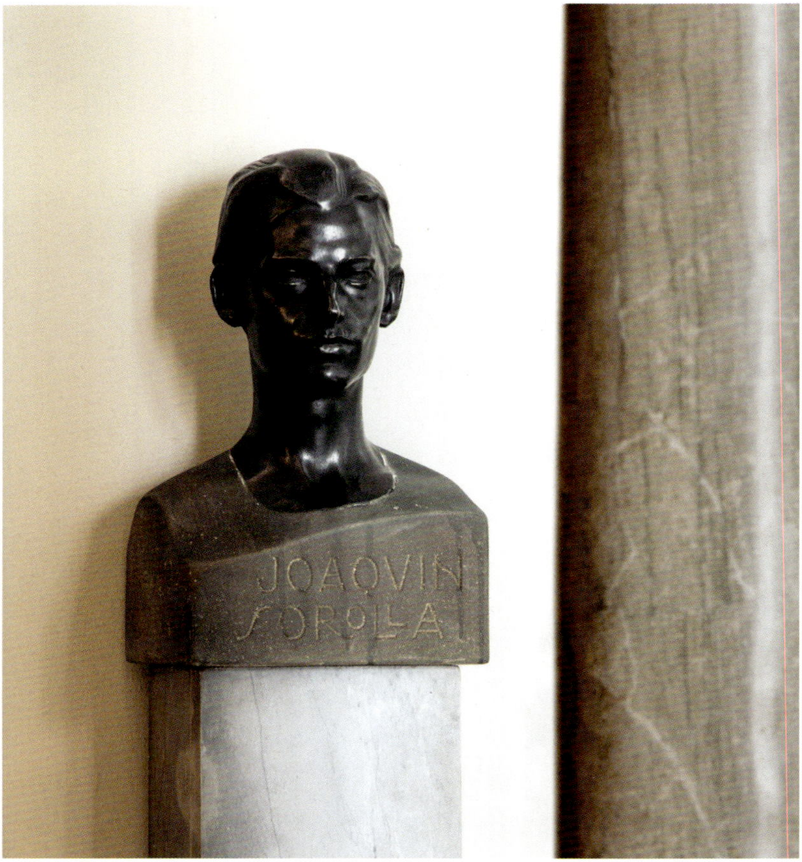
JOAQVIN
SOROLLA

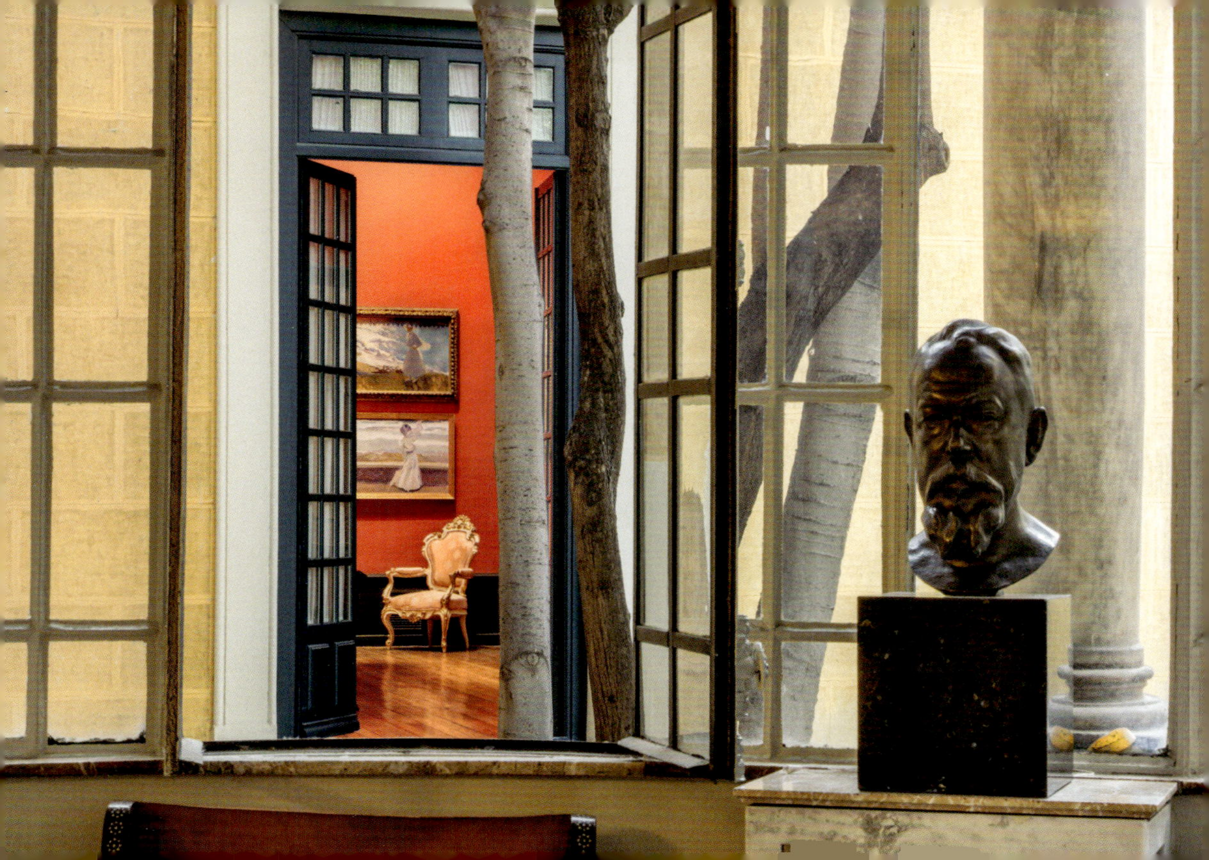

*"La vida es emoción, si bien hoy por no estar con vosotros es incompleta."*

Ayamonte, 3 de junio de 1919

*"Life is emotion, although today it is incomplete because I can't be with you."*

Ayamonte, 3rd June 1919

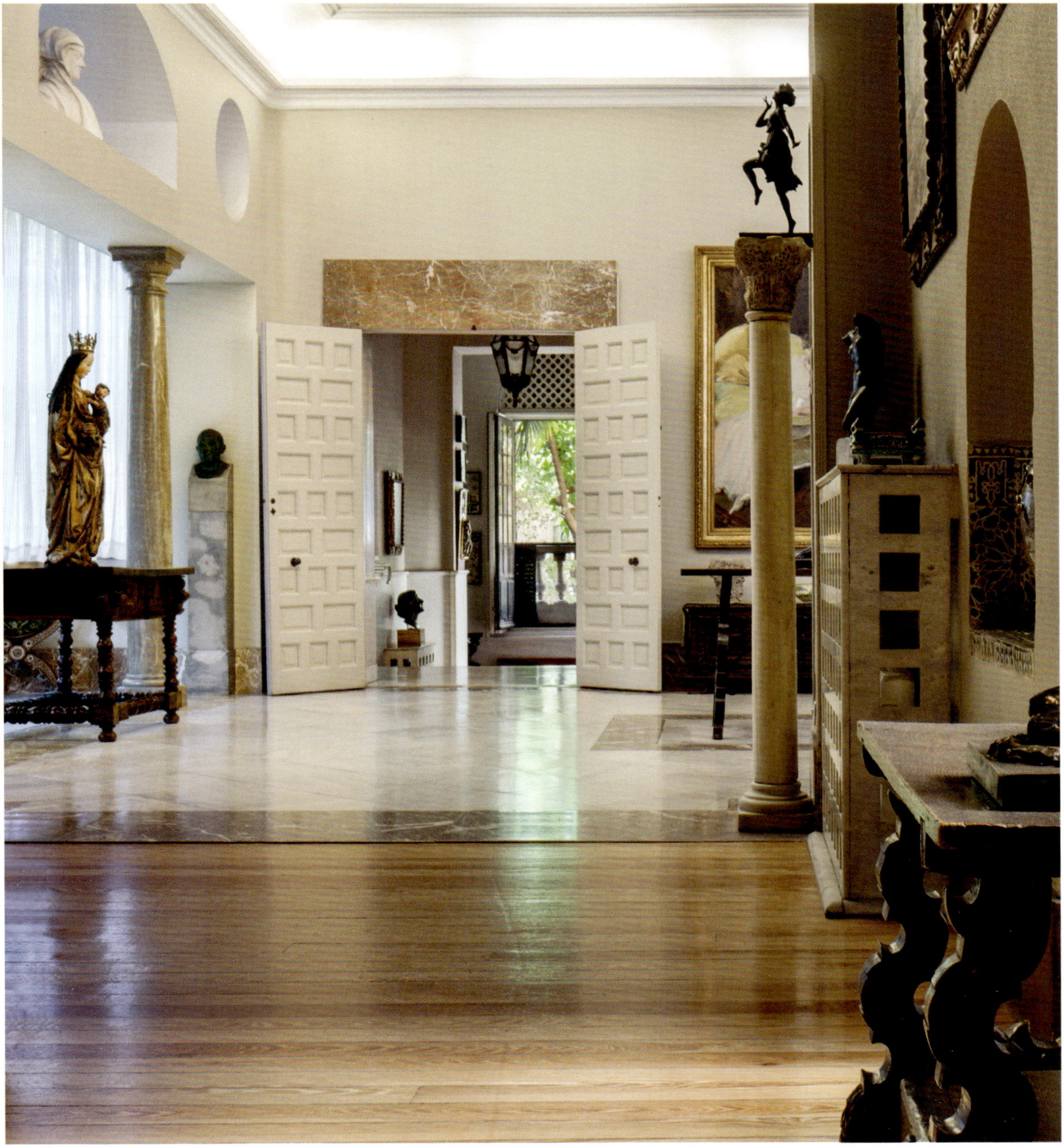

*“No te escribo más*
*pues estoy excitado de tanta belleza…”*

Madrid, 29 de noviembre de 1892

*“I can’t write any more to you today because*
*I’m excited by so much beauty…”*

Madrid, 29th November 1892

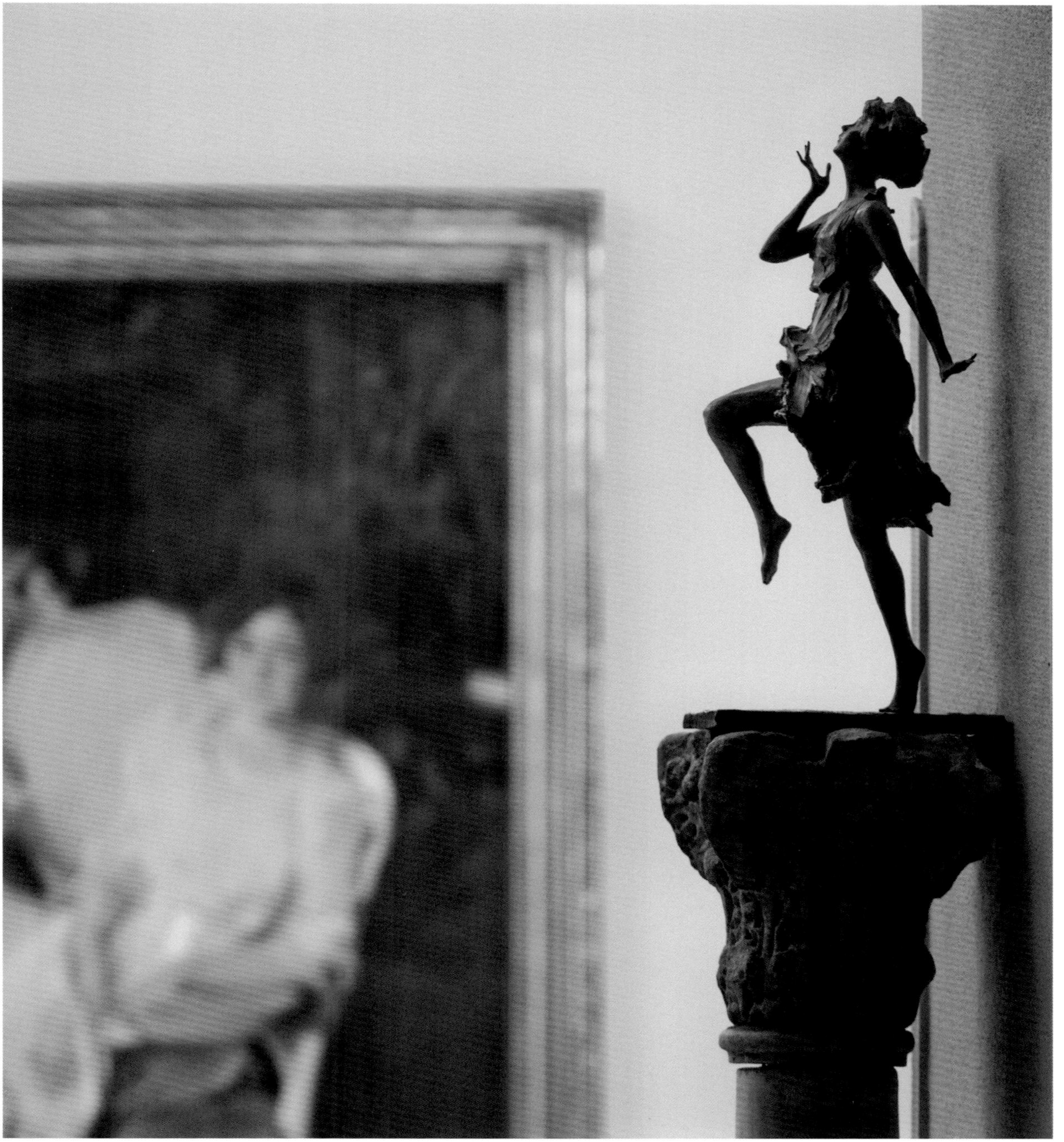

*"Mucho me alegro que Elenita esté trabajando en su desnudo… ella copia con sinceridad lo que ve y nada le importa ni la forma ni el nombre de un músculo."*

Granada, 3 de febrero de 1917

*"I'm so pleased Elenita is working on her nude painting… she copies with sincerity what she sees and is not concerned in the slightest with the shape or name of a muscle."*

Granada, 3rd February 1917

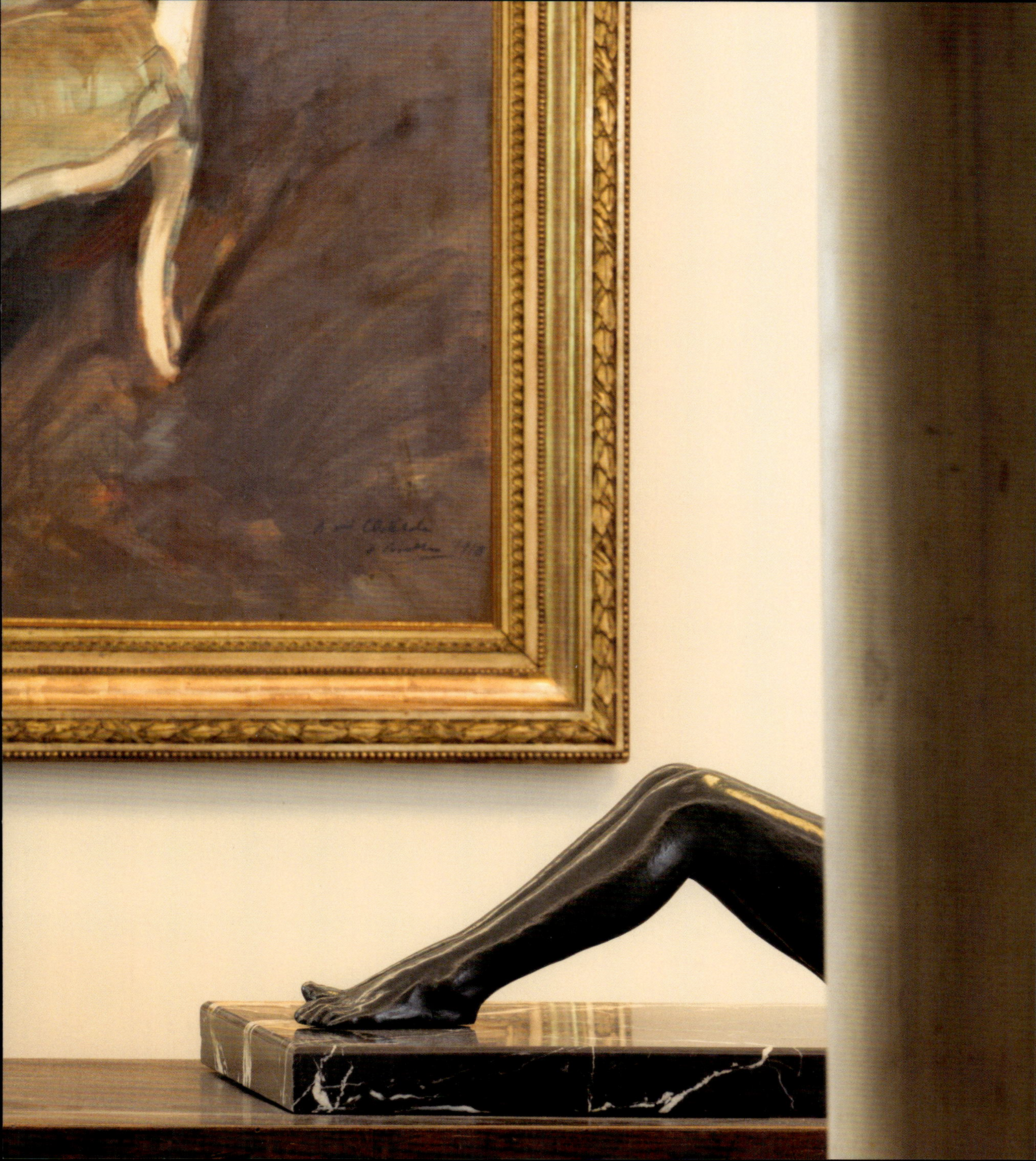

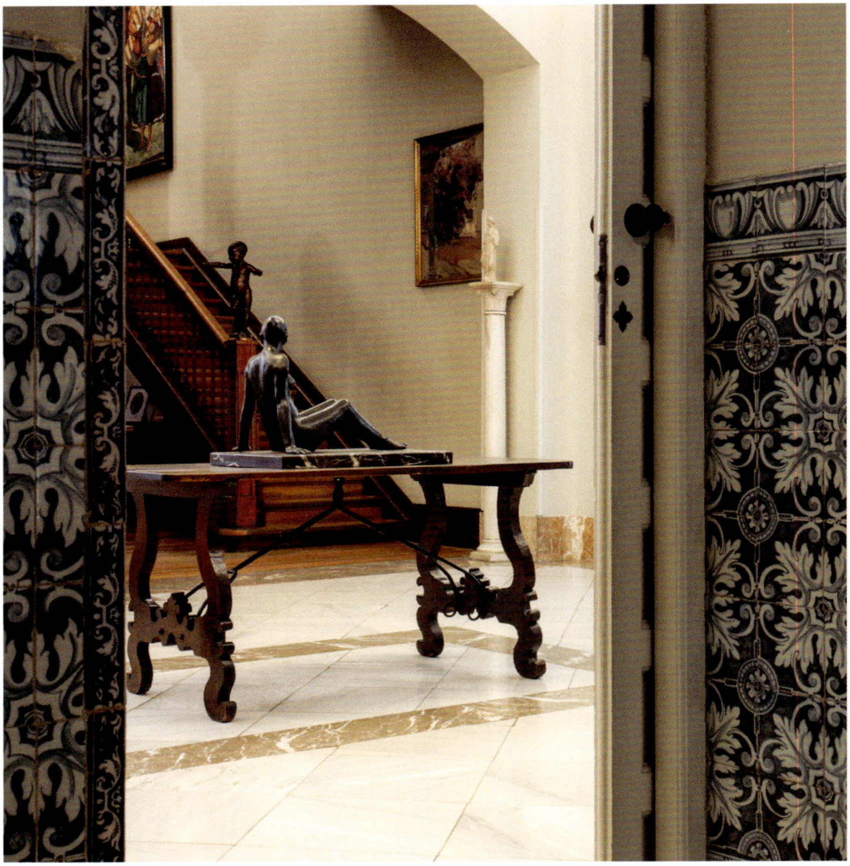

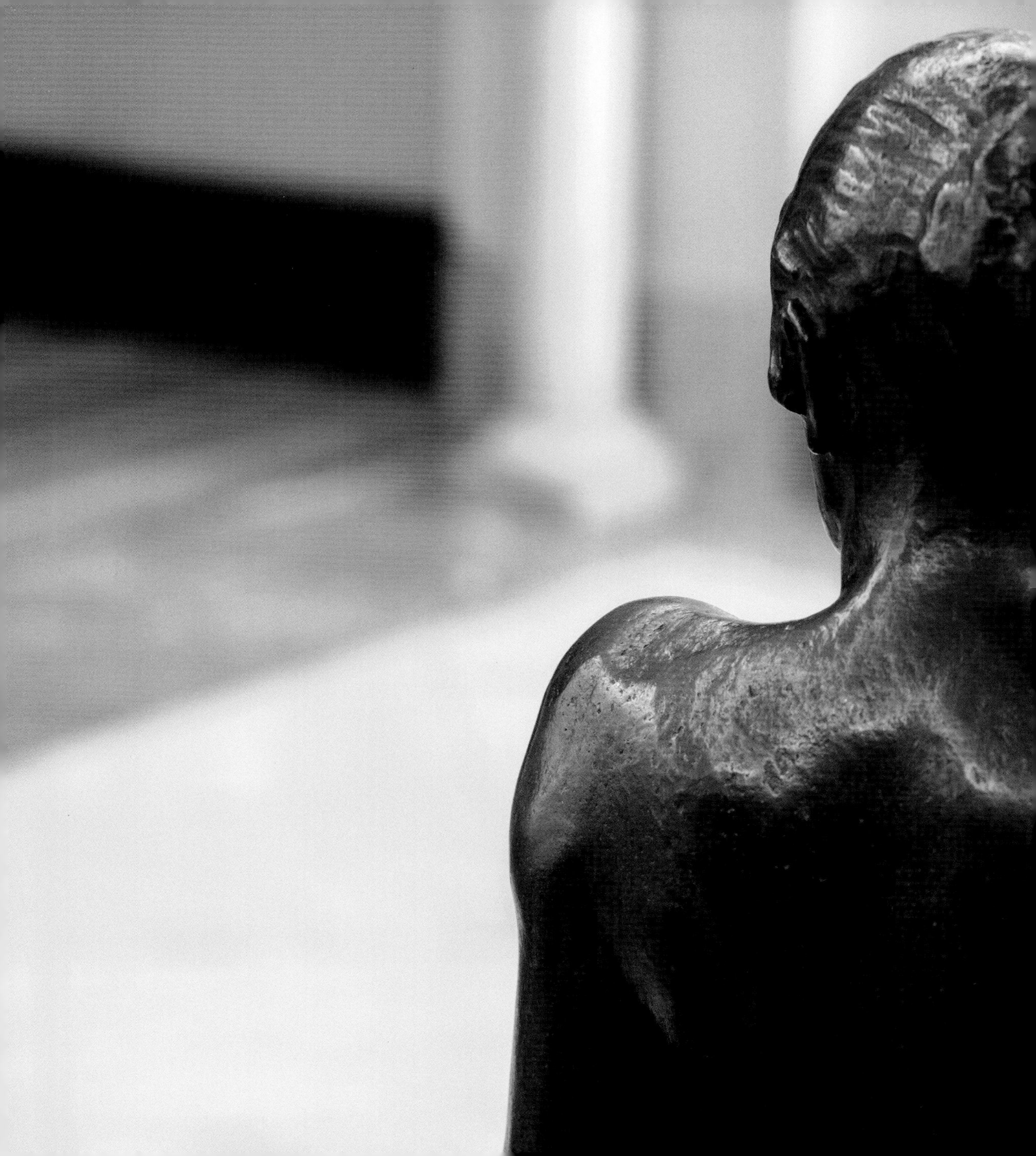

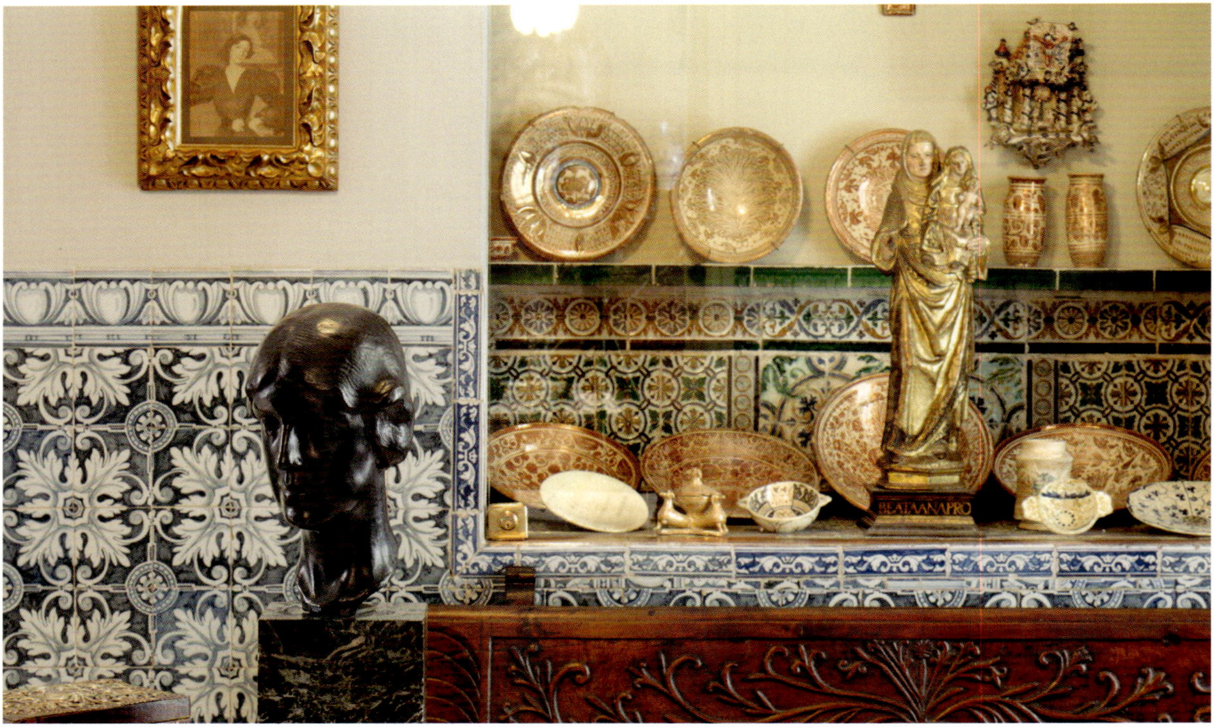

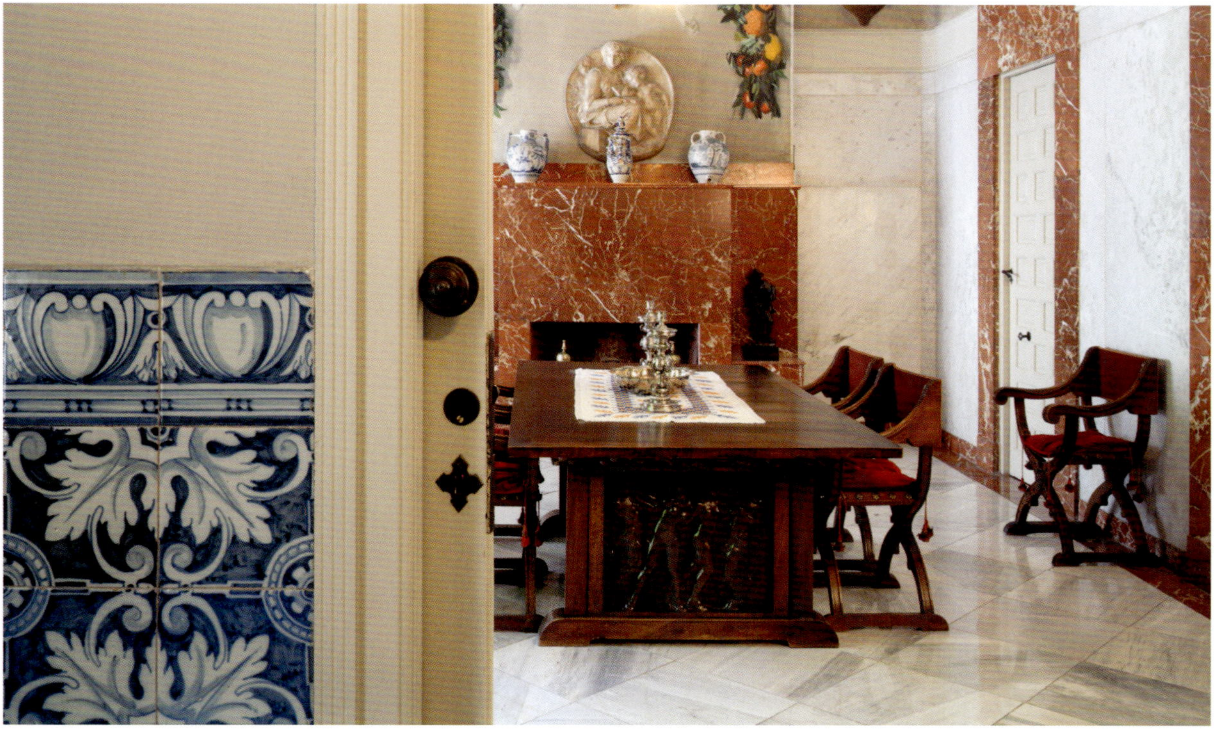

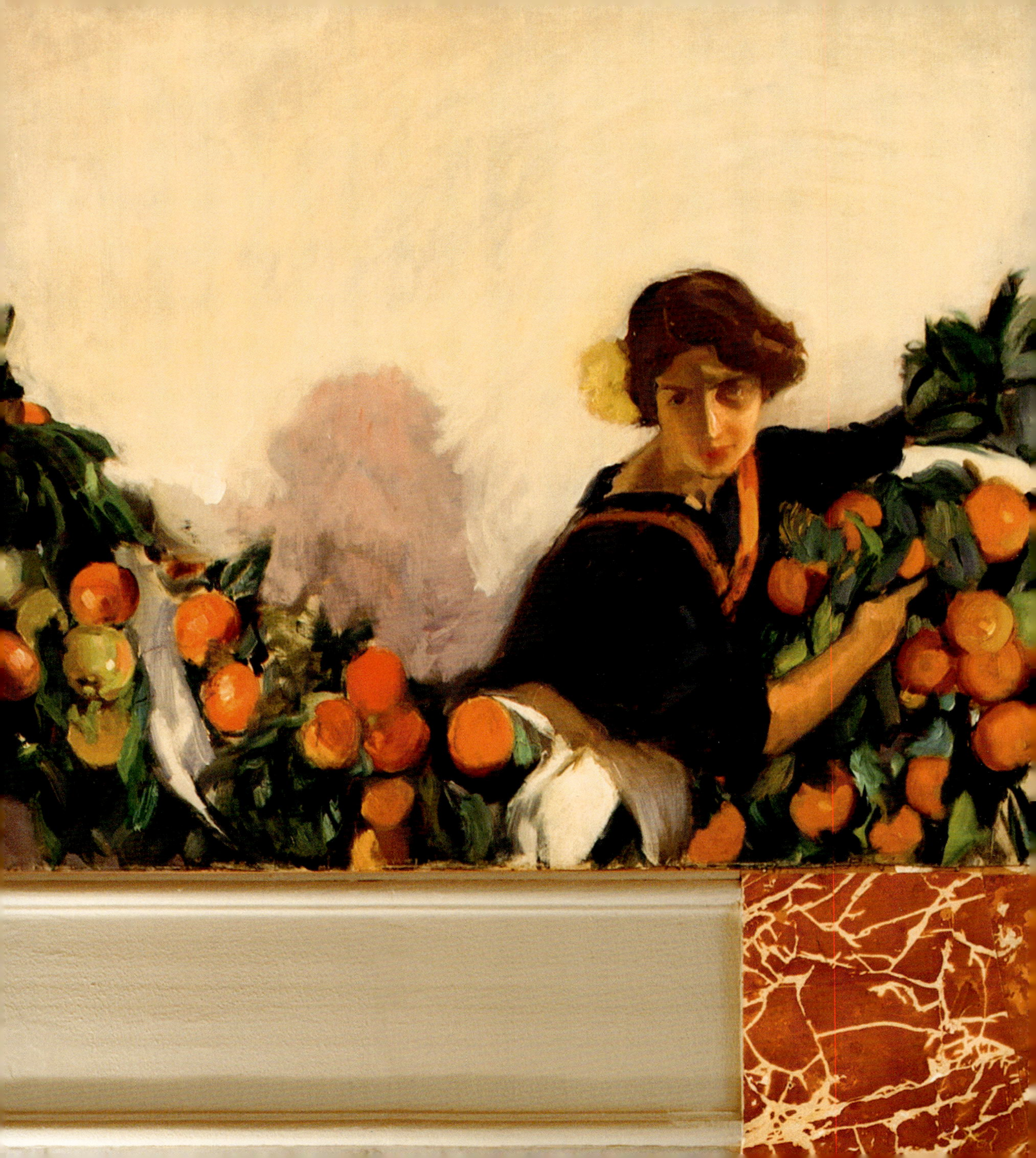

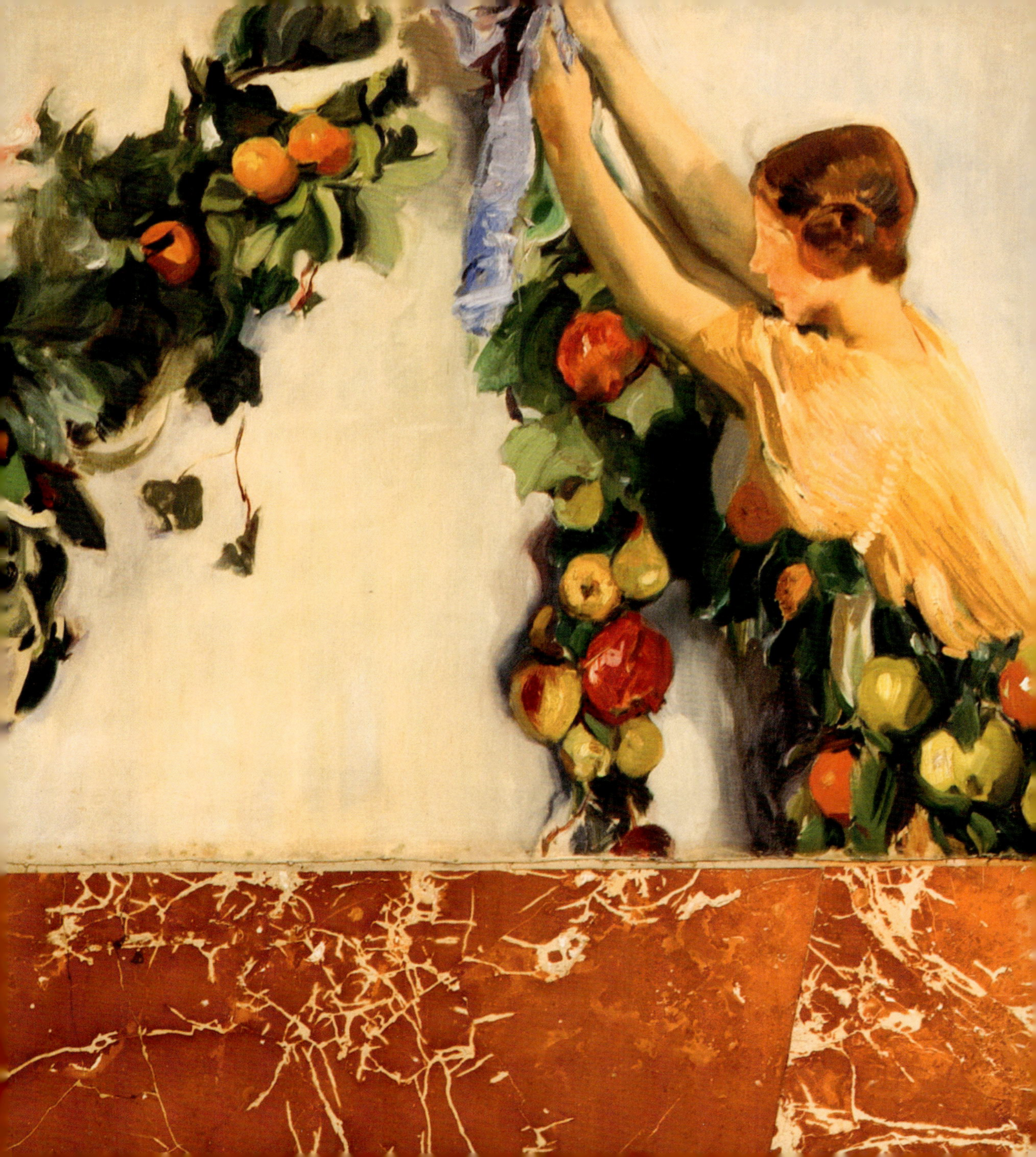

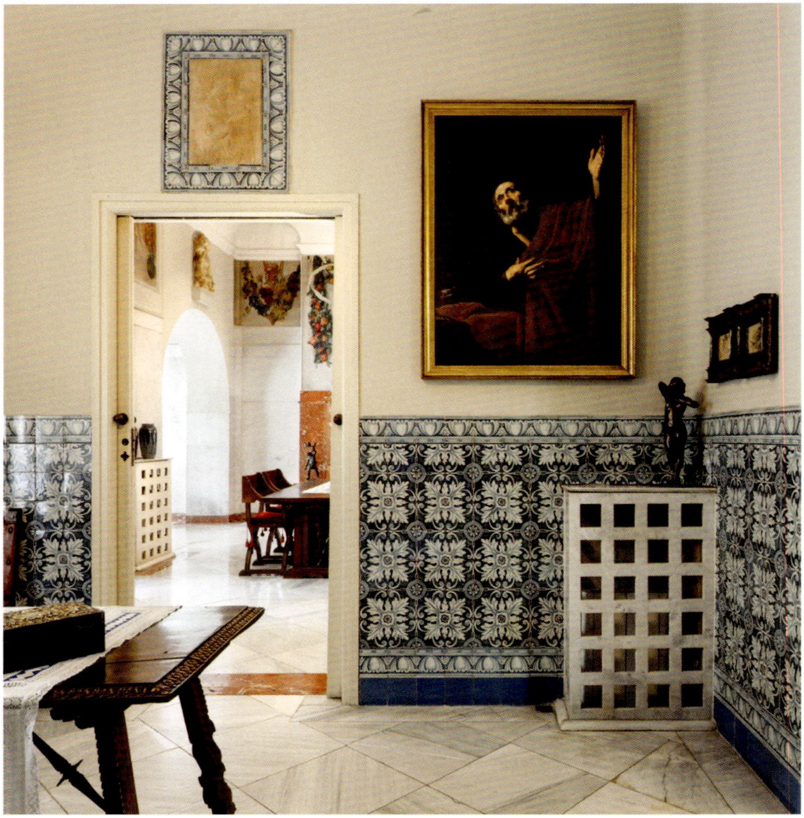

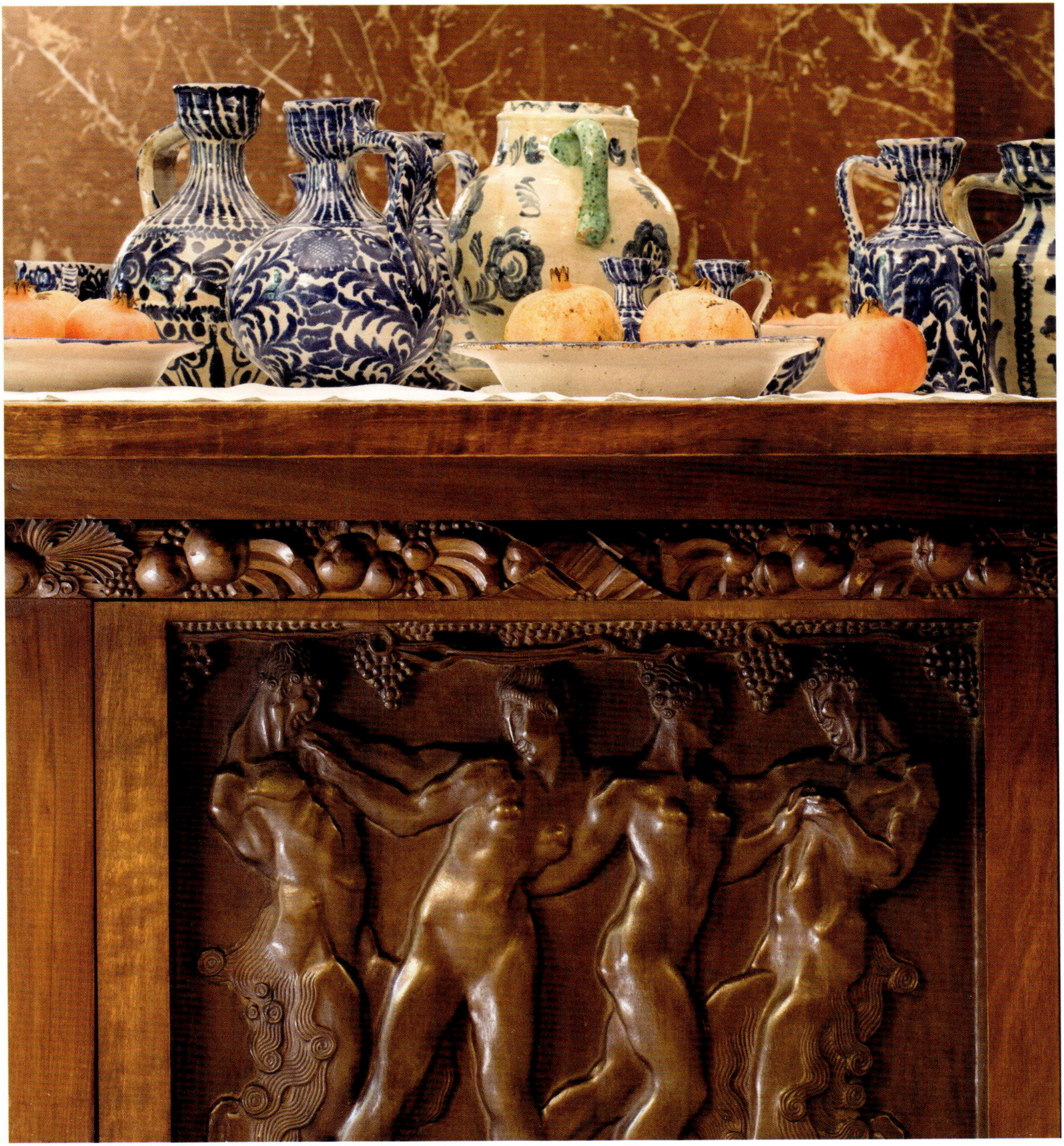

*"Llego ahora de trabajar, he tenido una mañana magnífica, estoy pues muy contento, ha sido una hermosura, qué lástima no la hubierais gozado."*

Valencia, 13 y14 de diciembre de 1907

*"I've just returned from work. I've had a wonderful morning and I'm so happy it was so beautiful. It's a pity you weren't able to enjoy it."*

Valencia, 13th and 14th December 1907

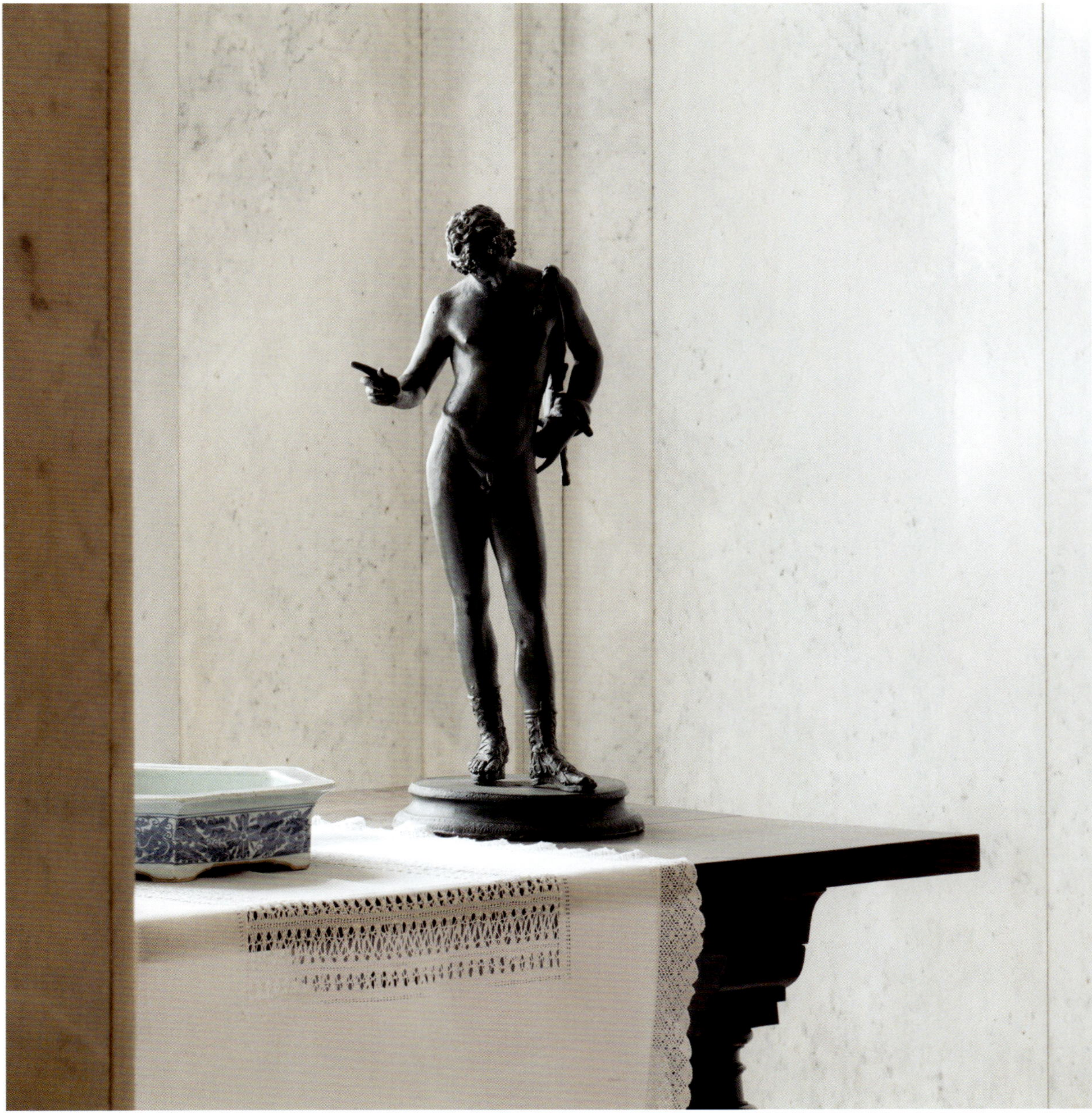

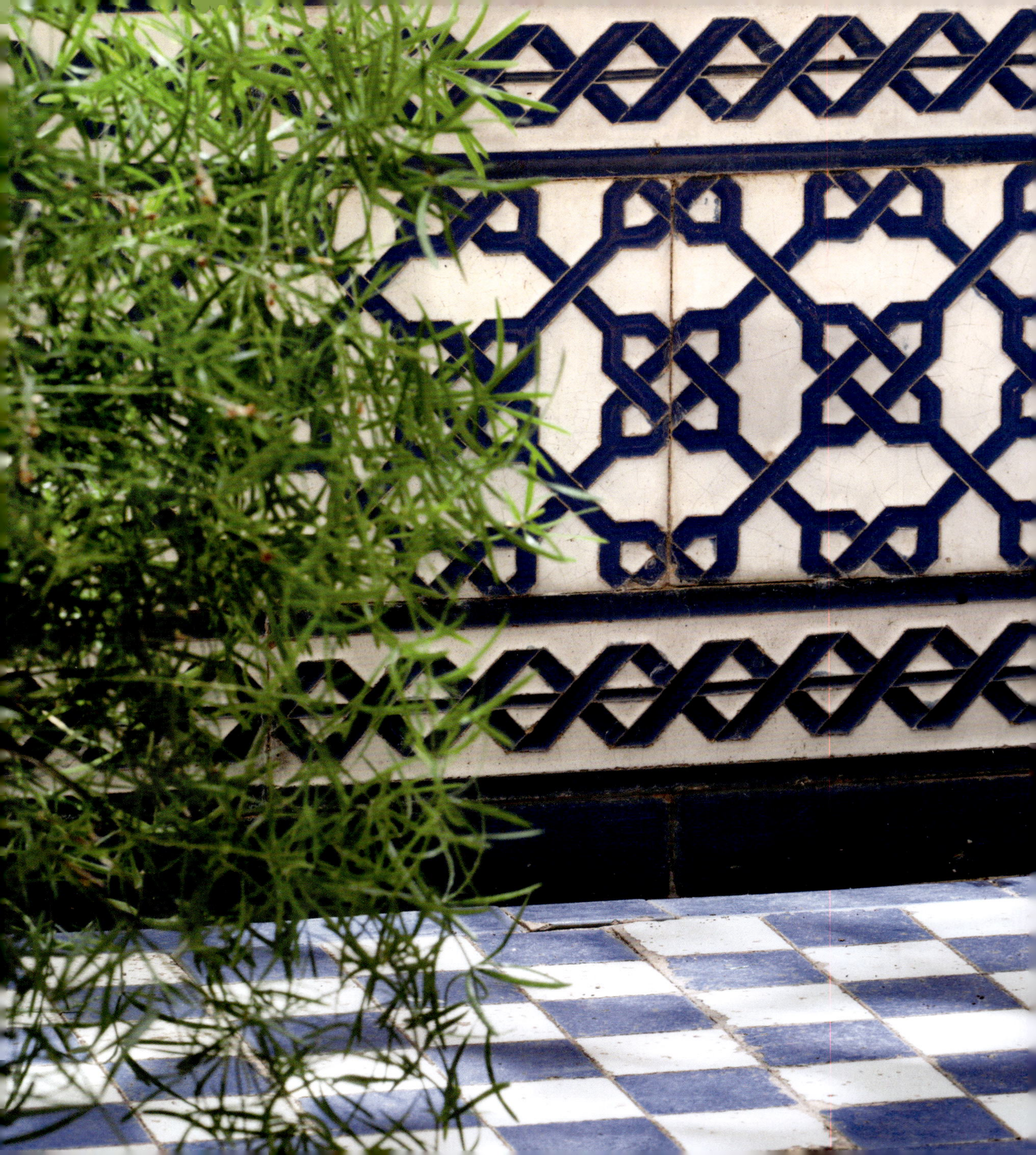

# El patio andaluz

El patio andaluz ordena, ventila, ilumina las estancias de la casa, pero es algo más. El patio andaluz es un rincón secreto. Un espacio escondido, dominado por la geometría de la fuente de cerámica de Triana azul y blanca, de cuyo delicado surtidor brota un fino caño de agua que invade sutilmente el sonido ambiente. En torno a ese patio, cerámicas, azulejos y mobiliario popular invaden las crujías. En tiempos de Sorolla se ubicaban aquí las estancias de servicio de la casa.

# The Andalusian courtyard

The main rooms of the house are set around the Andalusian courtyard, which lets in air and provides light. However, it is so much more than this: the Andalusian courtyard is a secret spot, a hidden space with a geometric fountain clad in blue and white Triana ceramic panels as its centrepiece, spouting a fine jet of water that subtlely invades the silence. The spaces around the courtyard feature a plethora of folk pottery, tiles and furniture. The servants' quarters were located here in Sorolla's day.

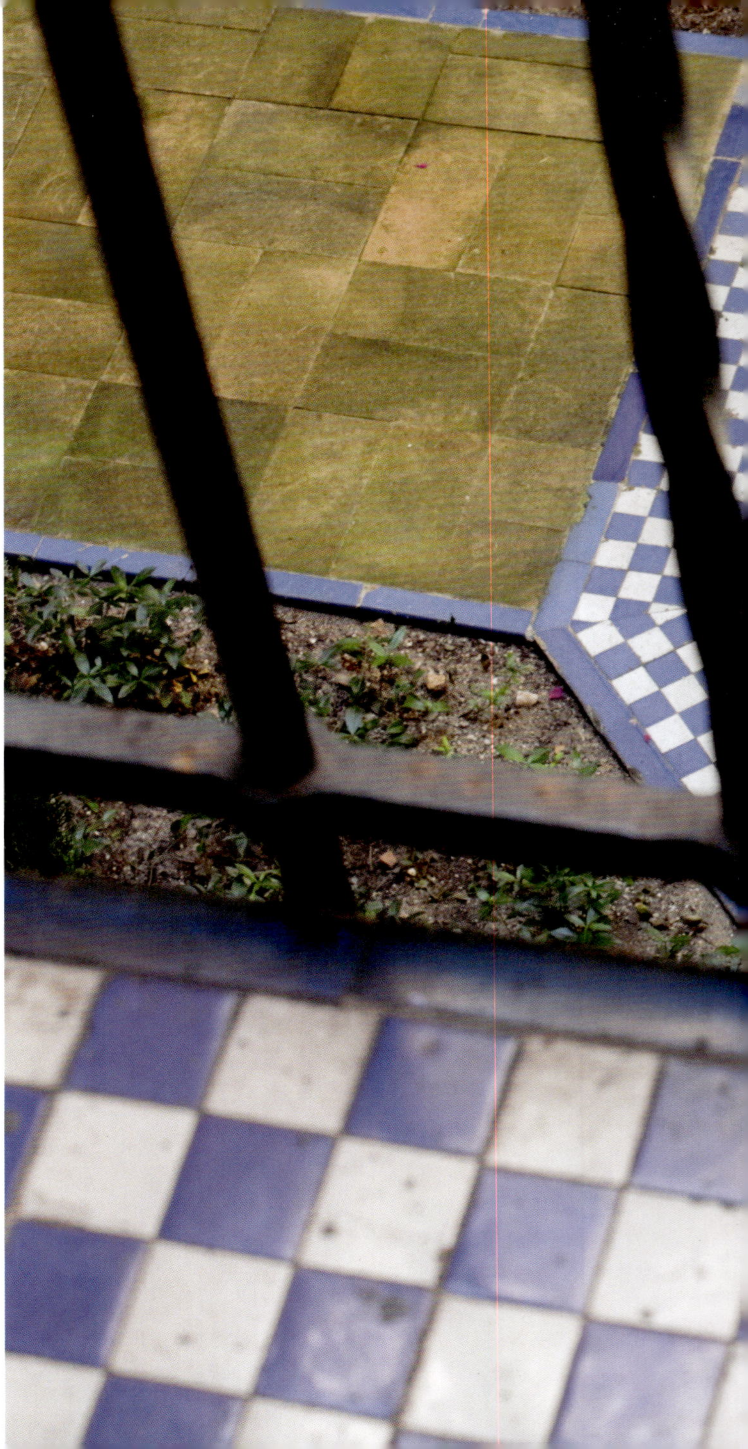

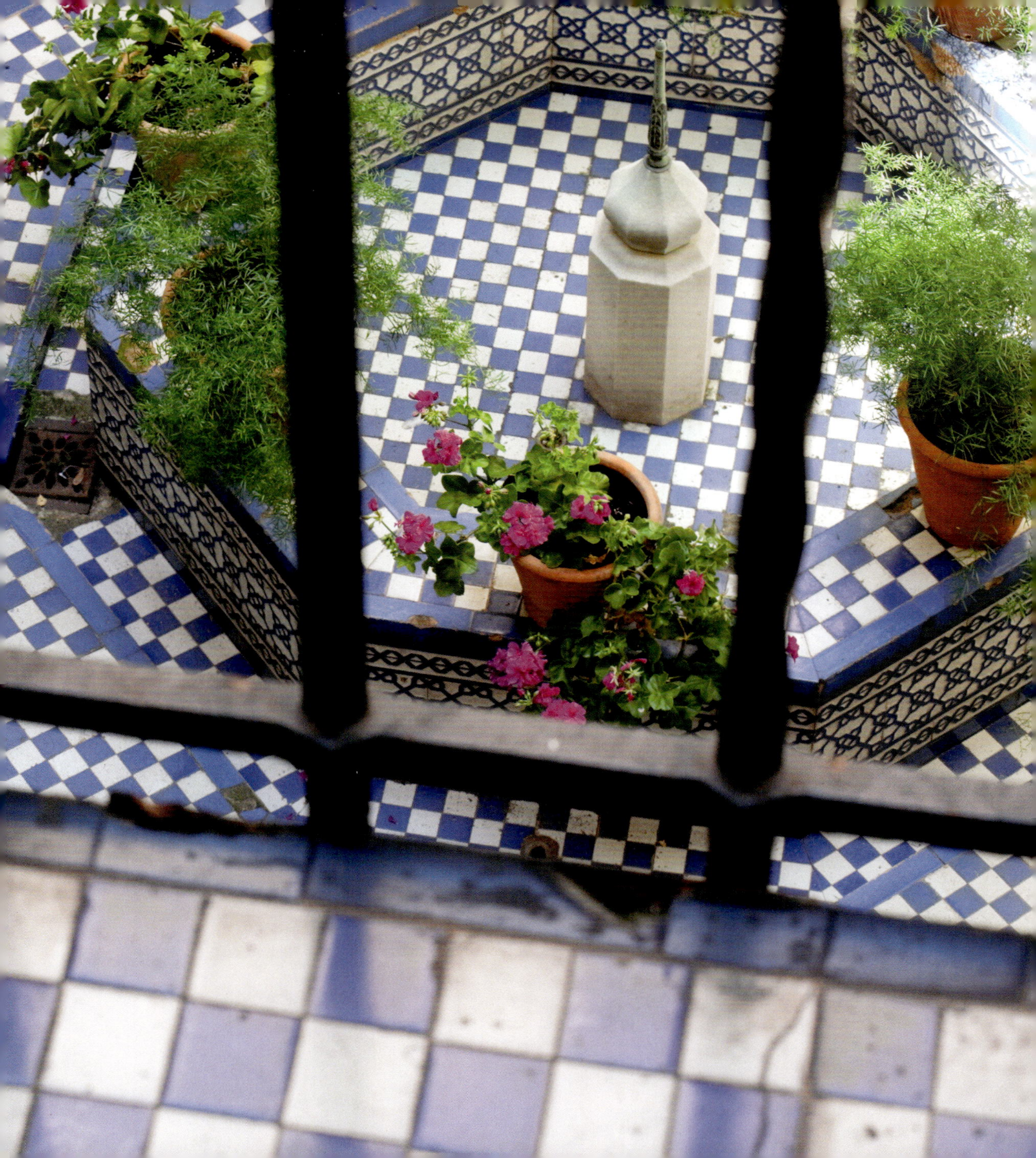

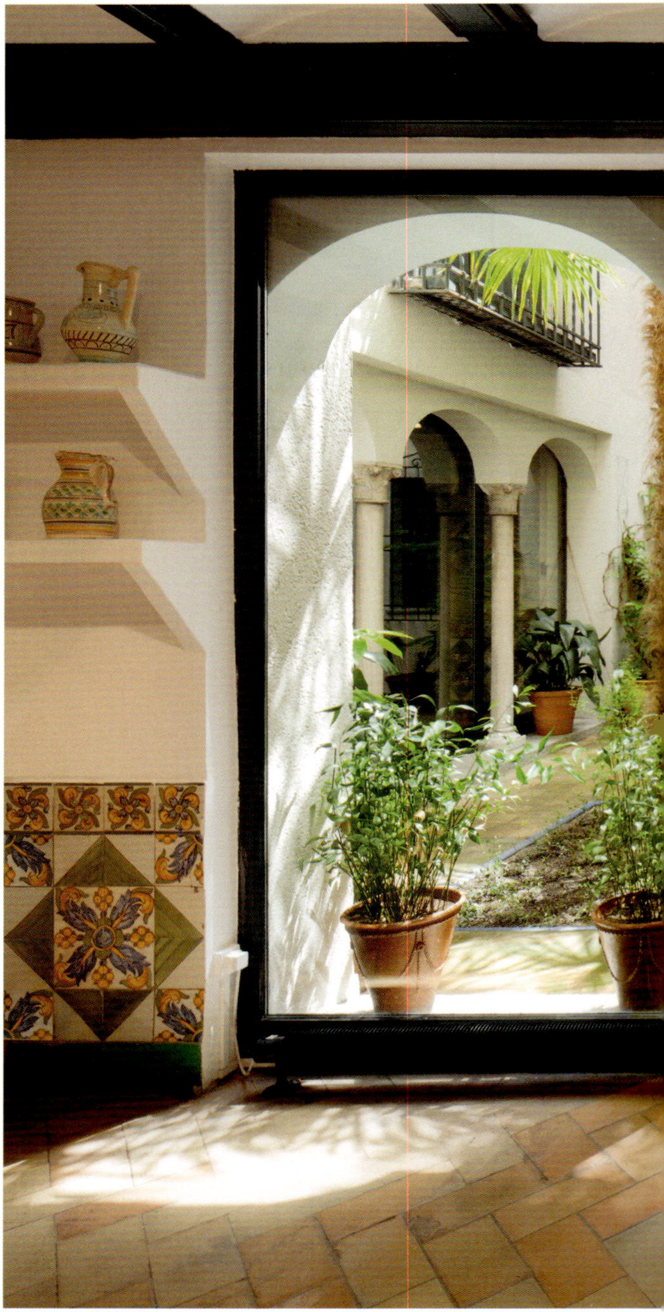

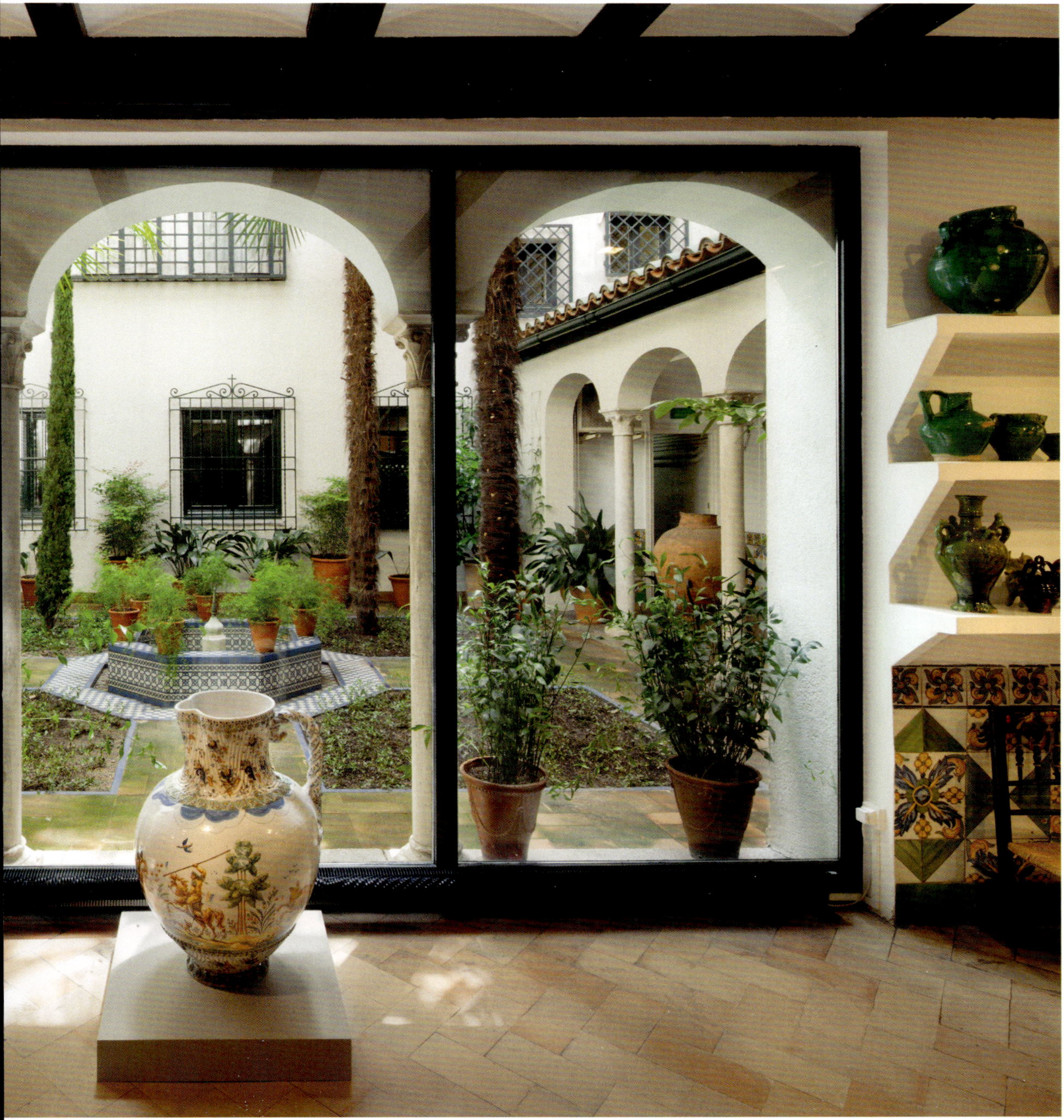

*"La fiesta del agua puede llamarse, a ver correr esa profusión de agua en canalillos, tazas y surtidores, es una armónica música. Esa arquitectura es música también."*

Sevilla, 1 de febrero de 1917

*"The festival of water could be called harmonious music as we see the profusion of water in channels, bowls and fountains. This architecture is music too."*

Seville, 1st February 1917

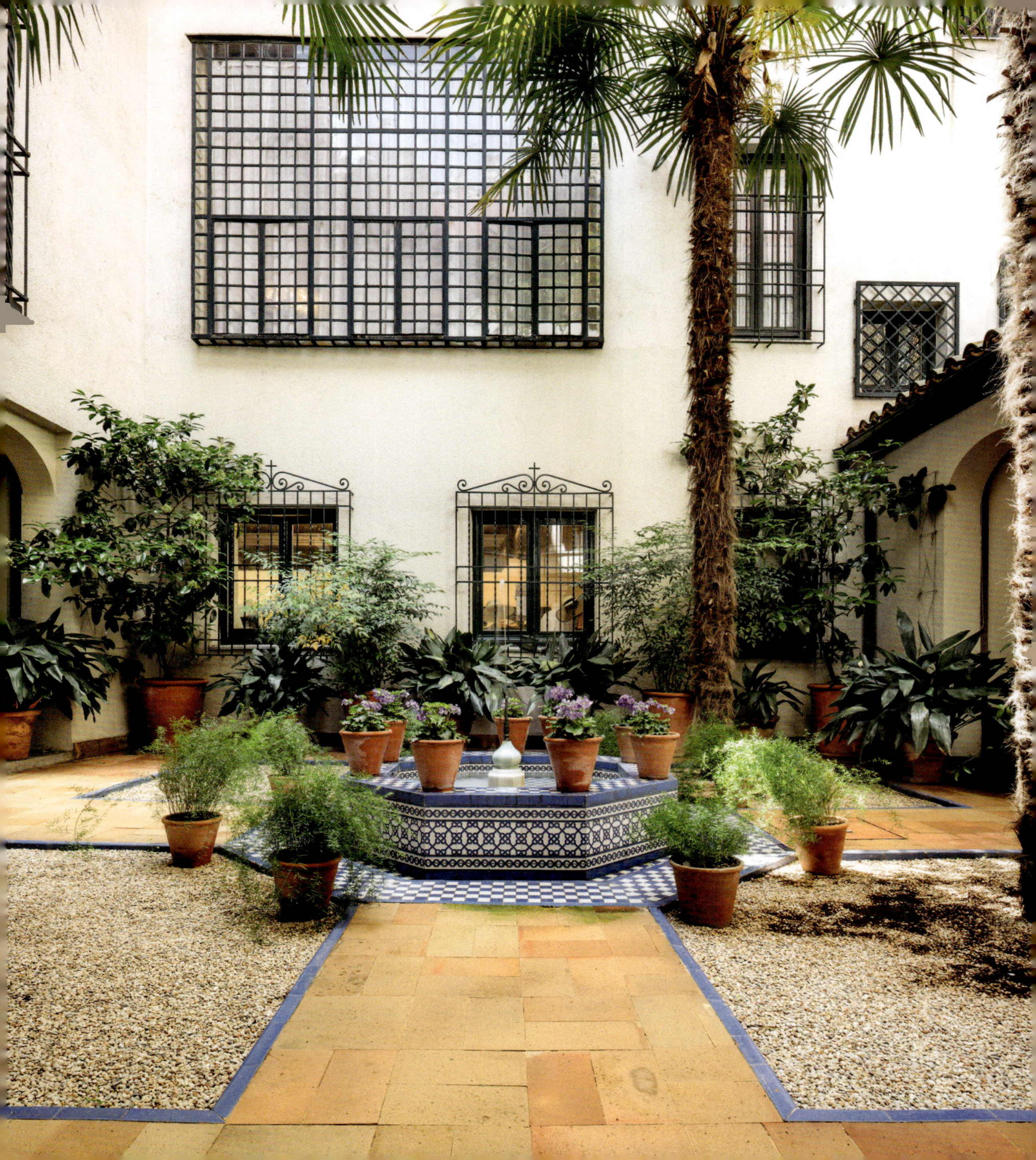

*“He quedado muy cansado por la excitación que tenía...”*

Valencia, 1 y 2 de diciembre de 1907

*“I was so excited it has exhausted me...”*

Valencia, 1st and 2nd December 1907

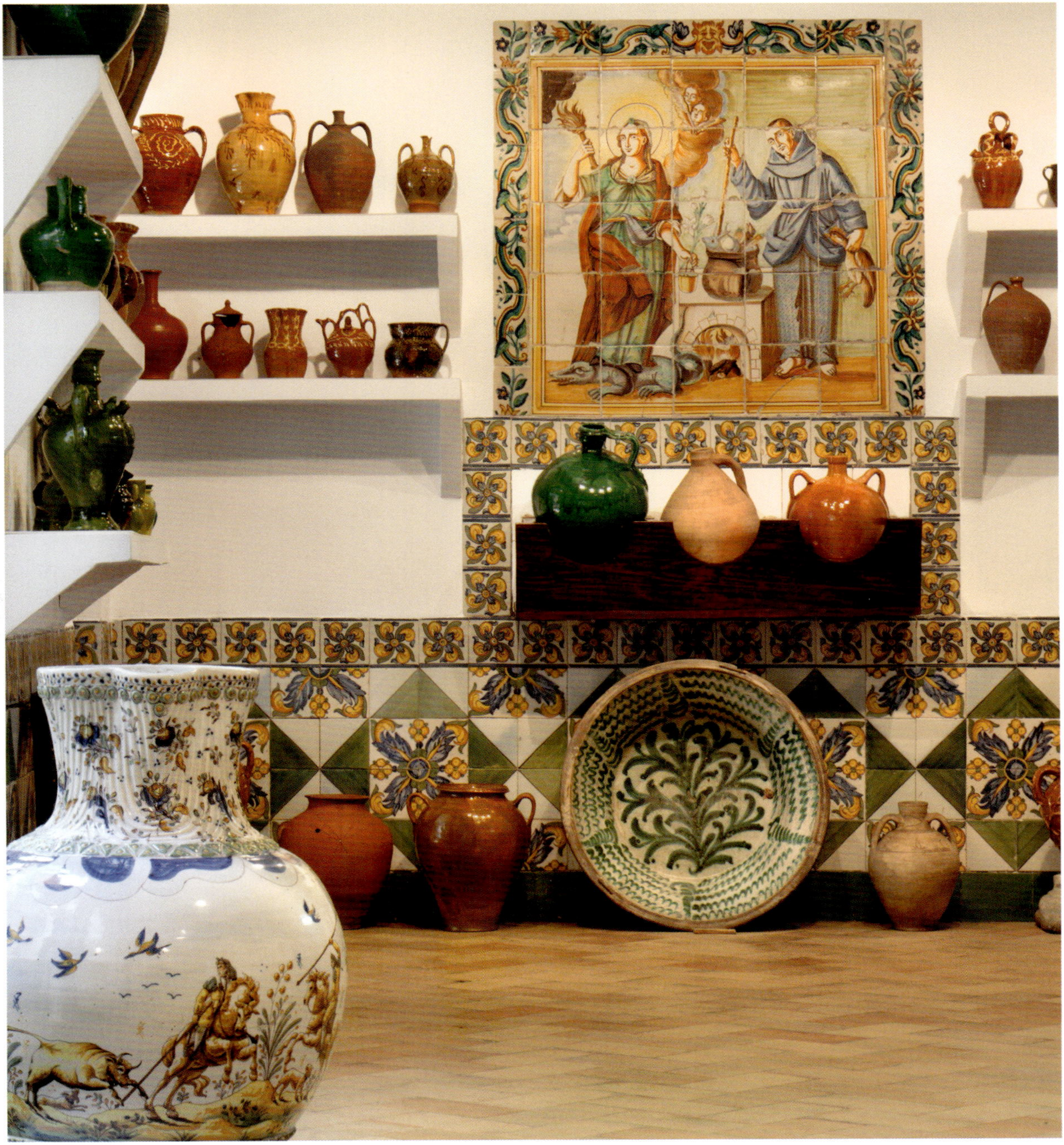

*"He empezado un estudio de un rosal tan hermoso que daba gana de comérselo, qué color..."*

Sevilla, 30 de marzo de 1918

*"I have begun a study of a rose bush so beautiful that I felt like eating it, such colour..."*

Seville, 30th March 1918

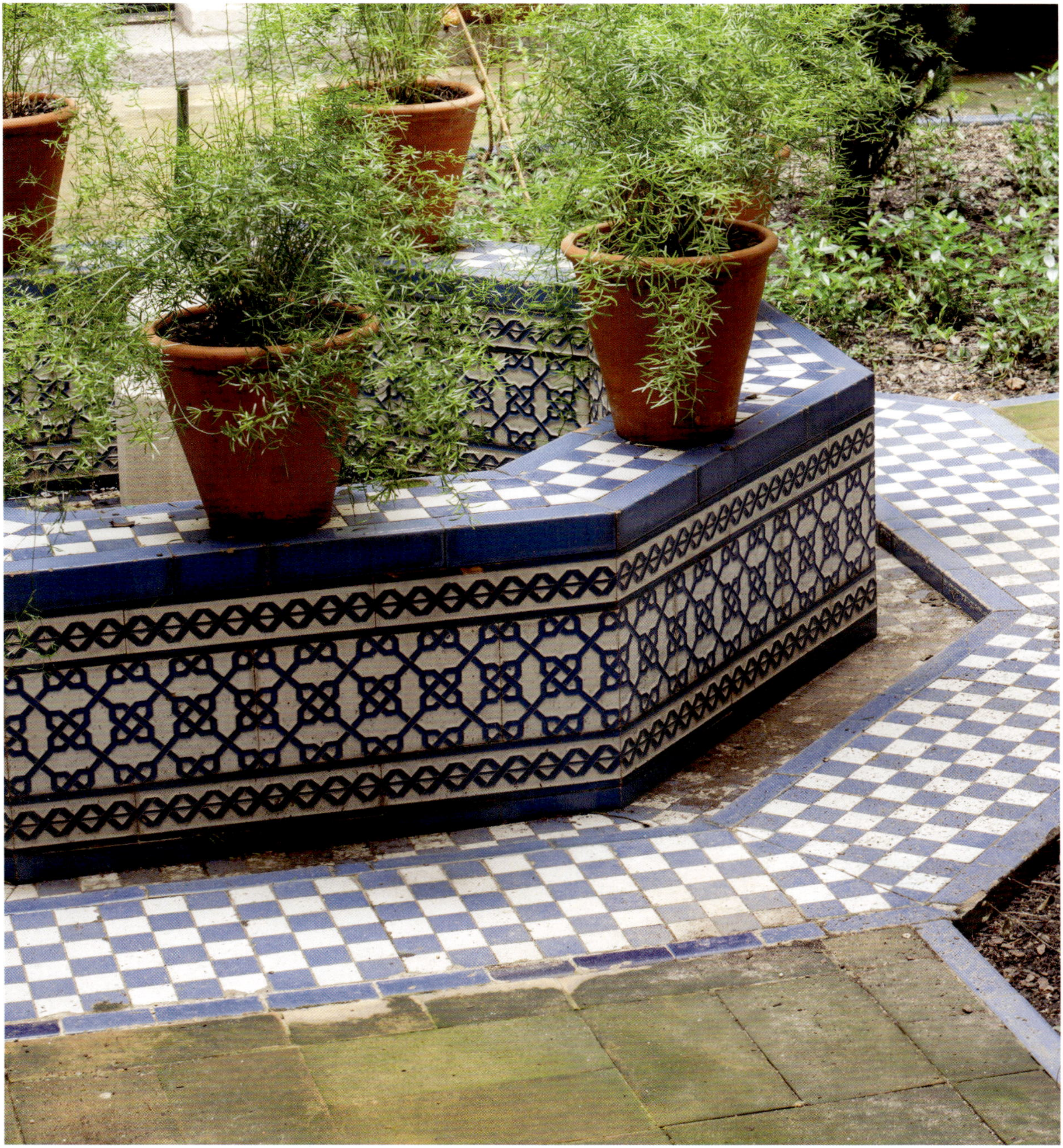

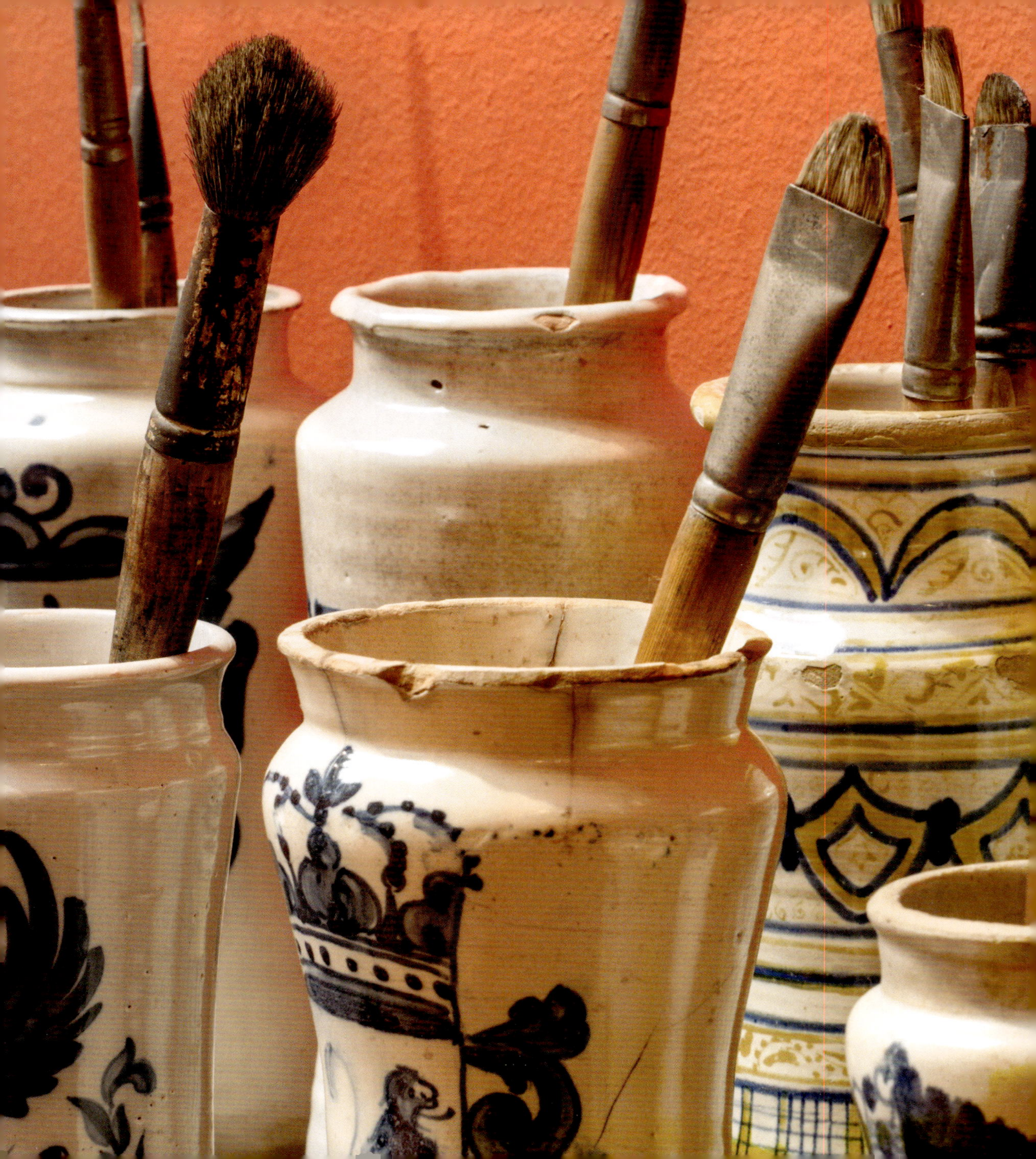

# Las salas y el estudio del pintor

# The painter's quarters and studio

Refugio del creador, lugar de trabajo y exposición de obras. Templo del arte. Un *museo* dentro de una casa. El estudio de Sorolla evoca el ambiente de trabajo de un pintor insaciable que se rodea de objetos-fetiche que lo acompañan e inspiran. Un microcosmos personal que refleja la figura de su creador. Aquí trabajaba el artista, venían modelos a ser retratados y clientes a adquirir obra expuesta. Hoy reina la calma, la belleza y el orden. En su día, suponemos que una fiebre creadora debió de habitar el espacio.

A refuge for the painter, a place where he worked and displayed his work. A temple to art. A museum inside a house. Sorolla's studio evokes the working environment of an insatiable painter who surrounded himself with objects that fascinated and inspired him throughout his life. A personal microcosm that reflects the personality of its creator. The artist worked here, models came here to be painted and clients to buy the works on display. Today it is a quiet oasis of calm, beauty and order. In Sorolla's day, we imagine the space was gripped by a creative fever.

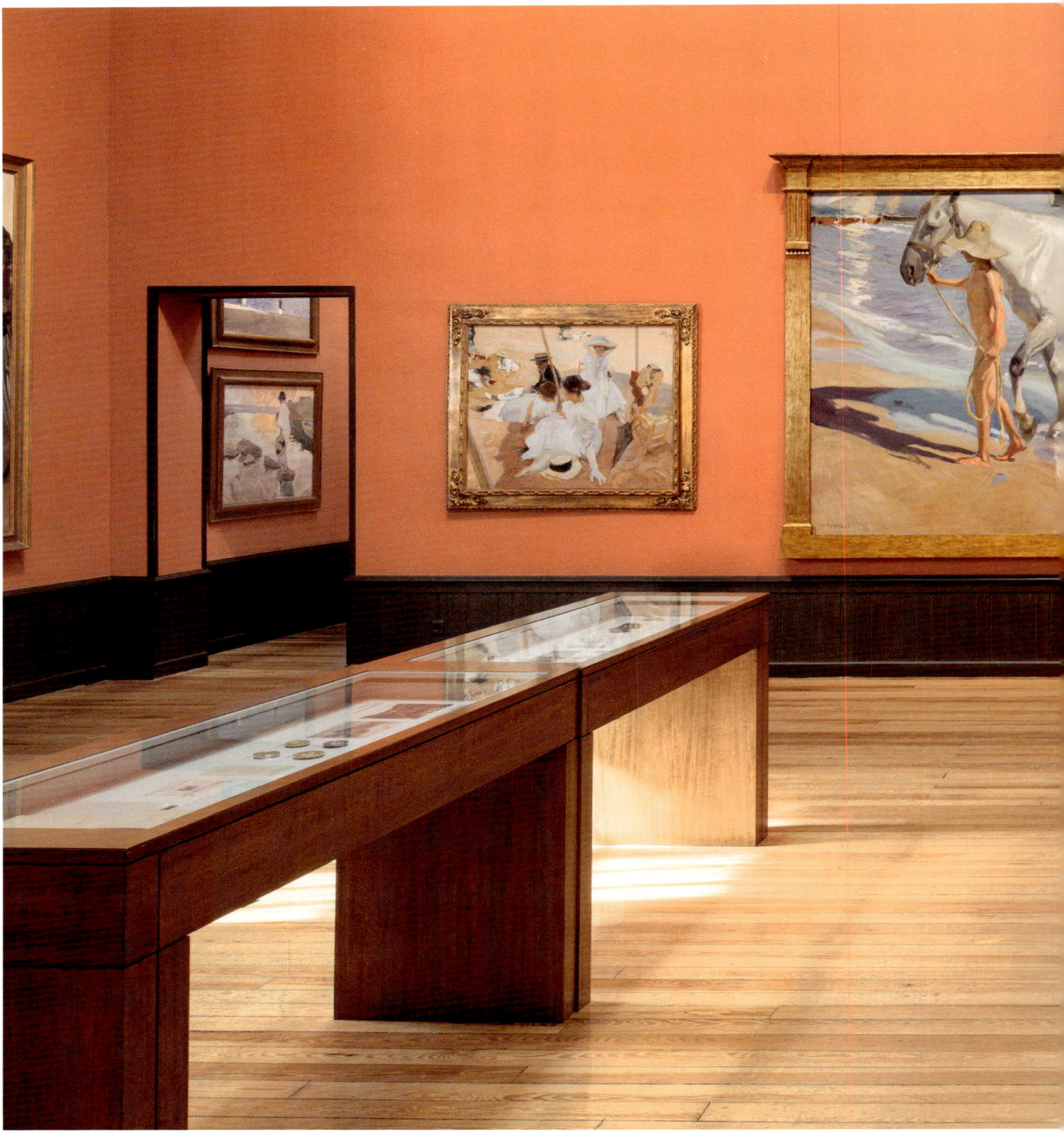

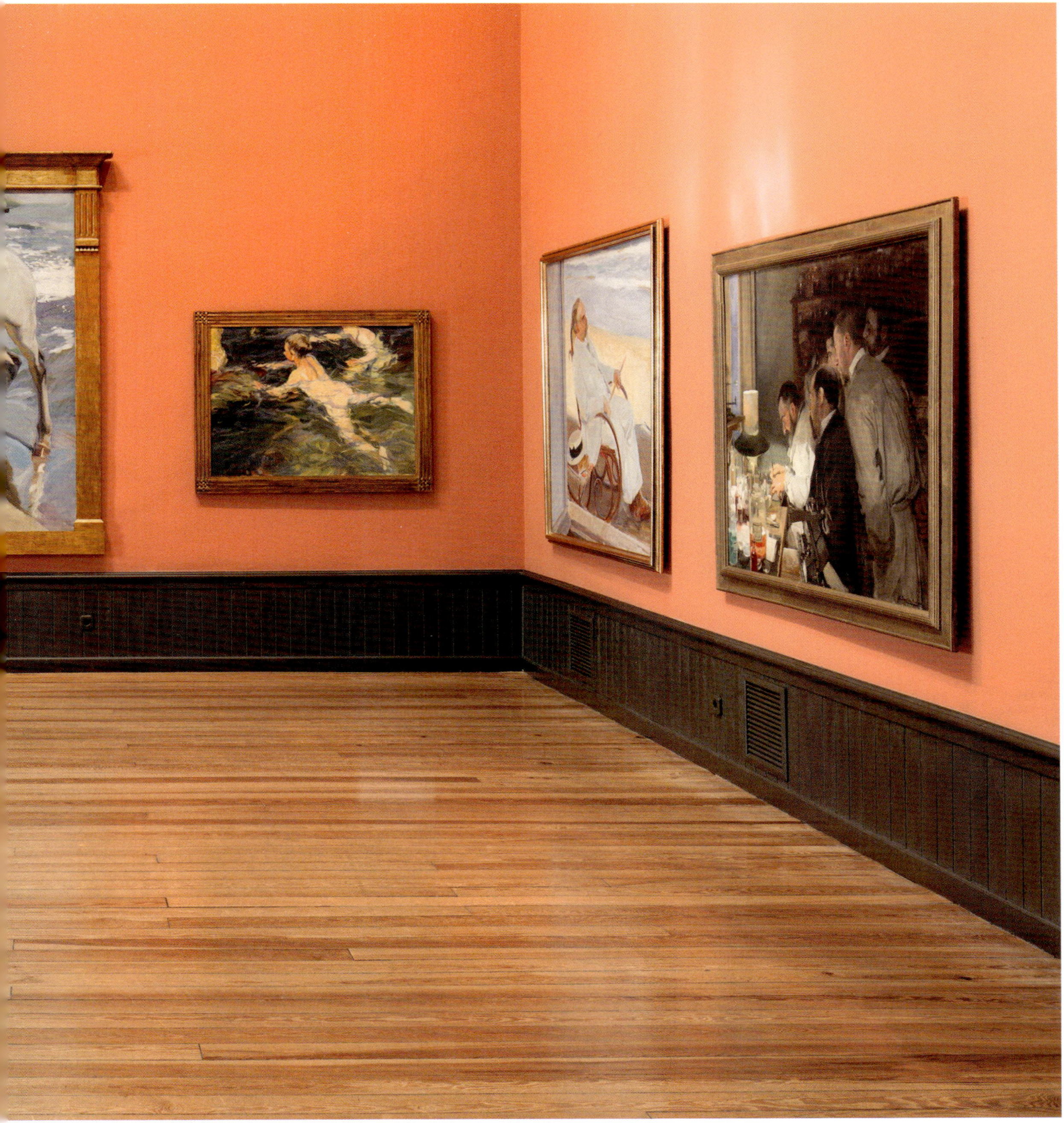

*"Cuando me doy un atracón fuerte como el de ayer y pinto con intensidad, el cansancio me produce una alegría celestial y una satisfacción inmensa del hombre que cumple con su deber, y los sacrificios que hago los tengo ultra compensados con creces."*

Ayamonte, 7 de junio de 1919

*"When I work in excess, as I did yesterday, and paint intensely, the tiredness produces a celestial happiness within me and the immense satisfaction of a man fulfilling his duty, and this more than makes up for the sacrifices I have made."*

Ayamonte, 7th June 1919

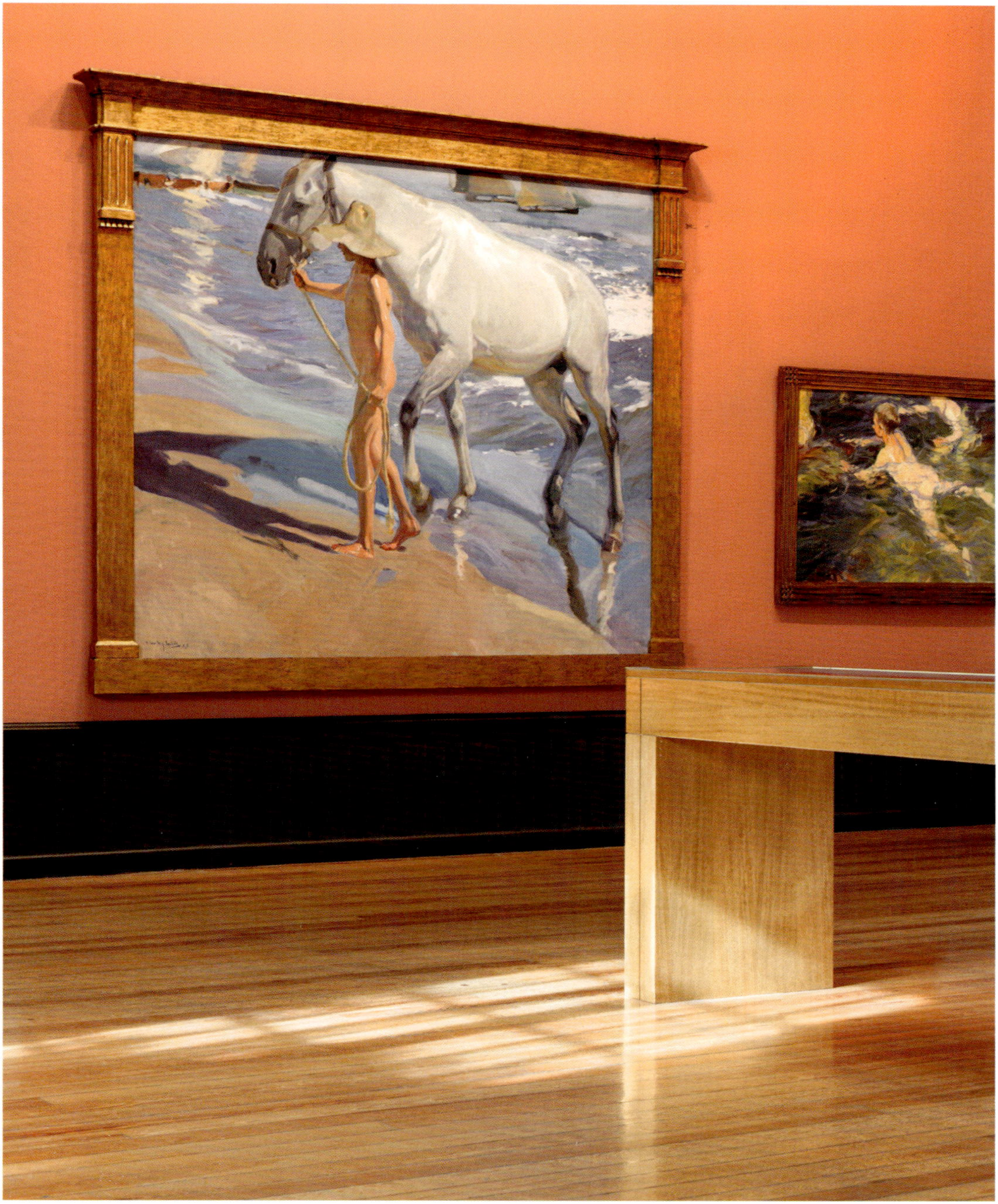

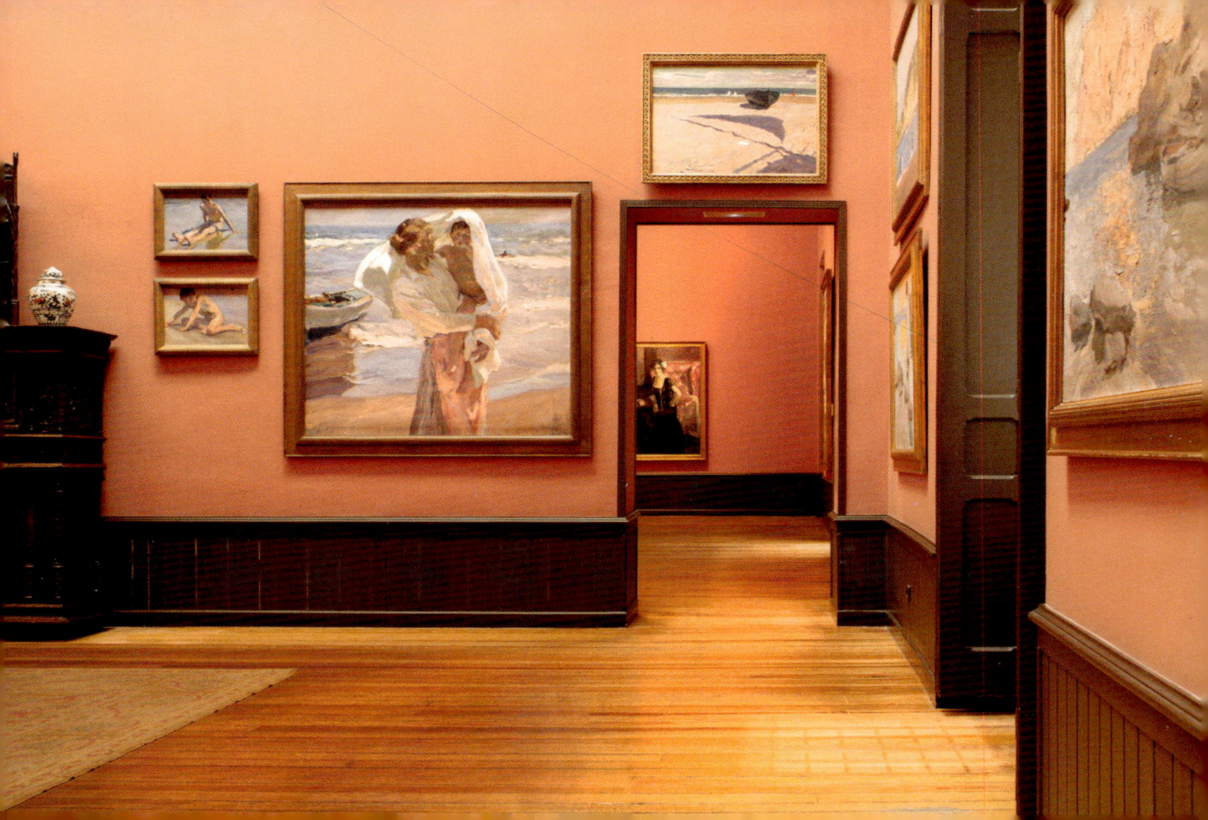

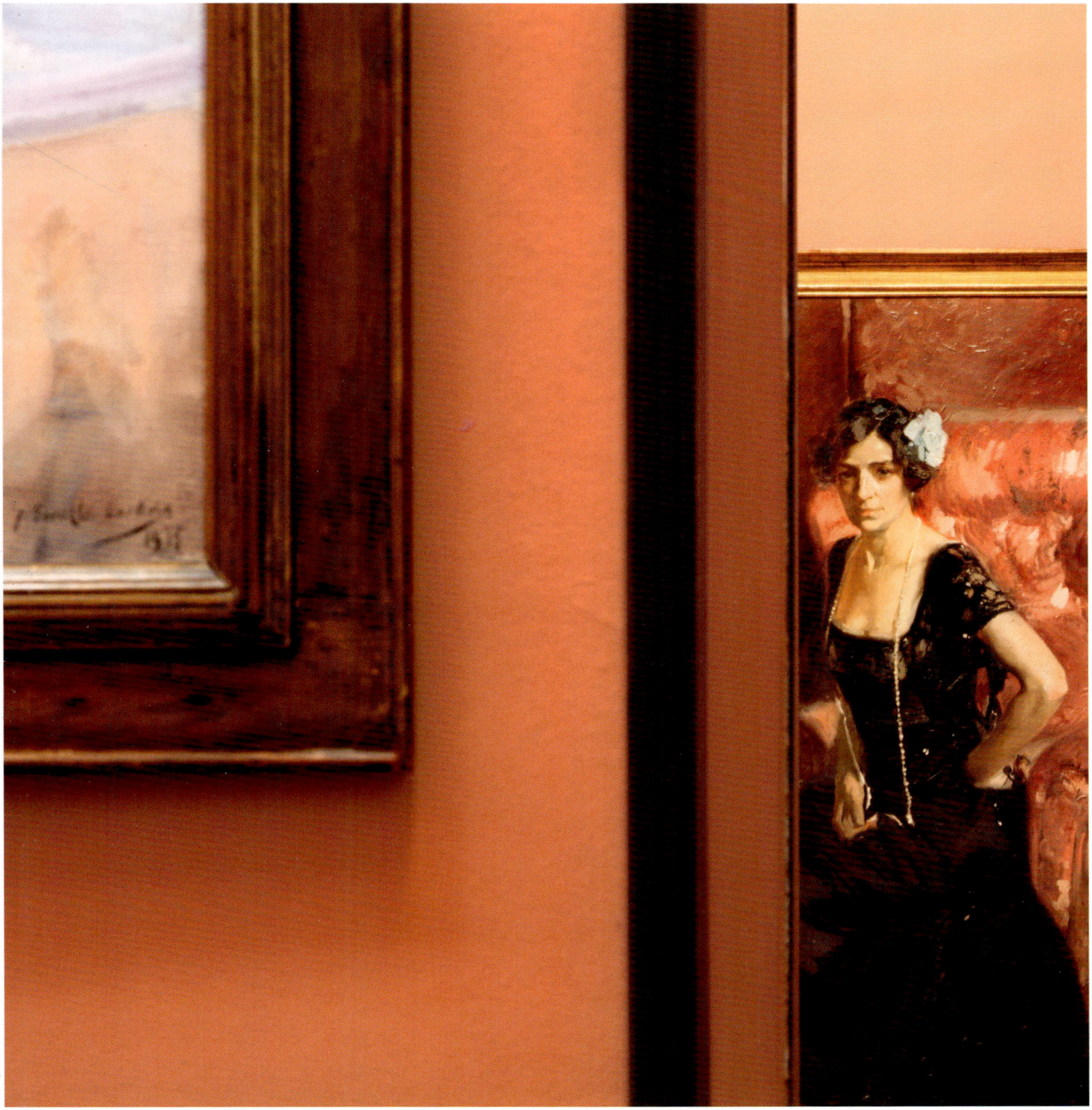

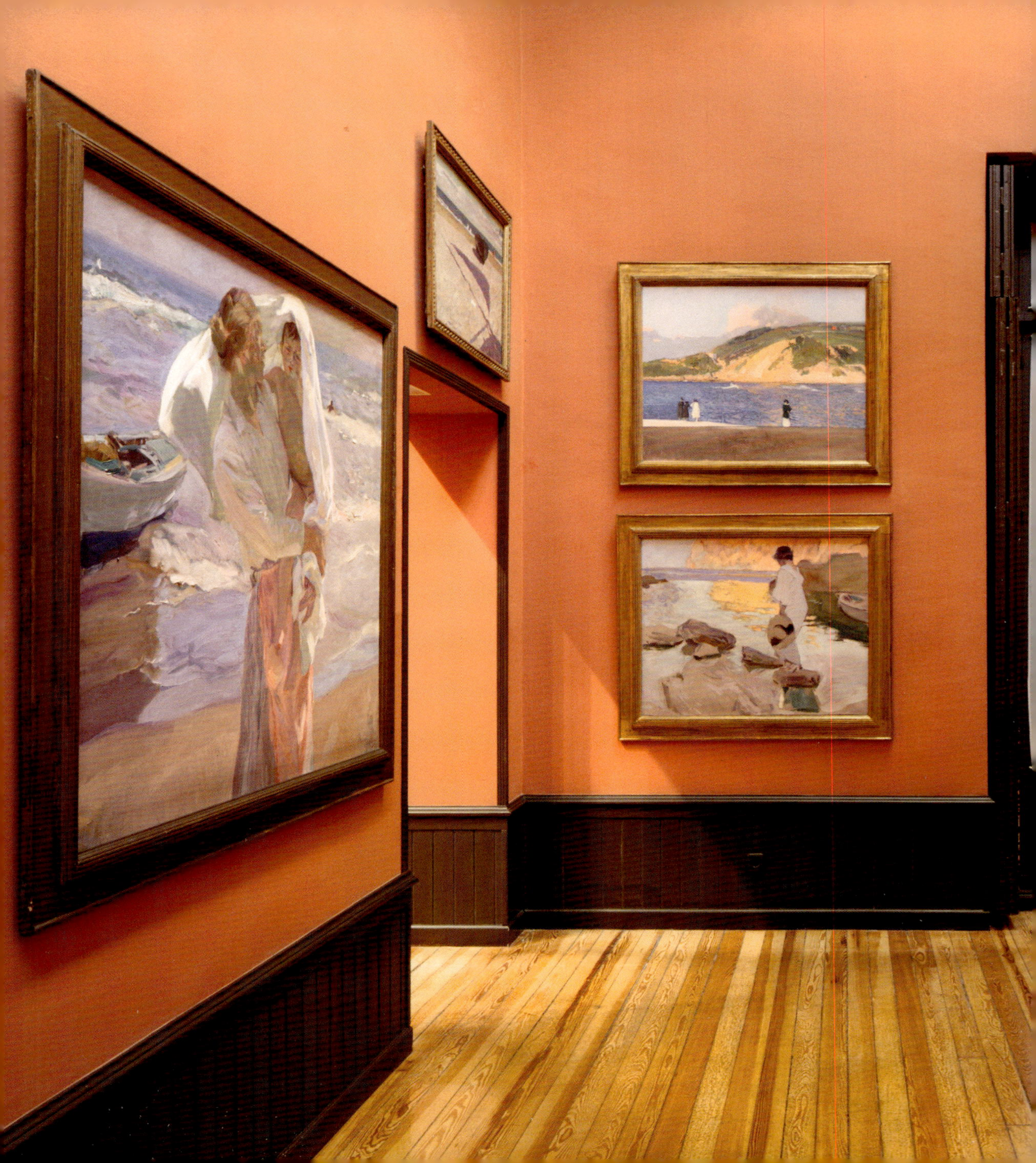

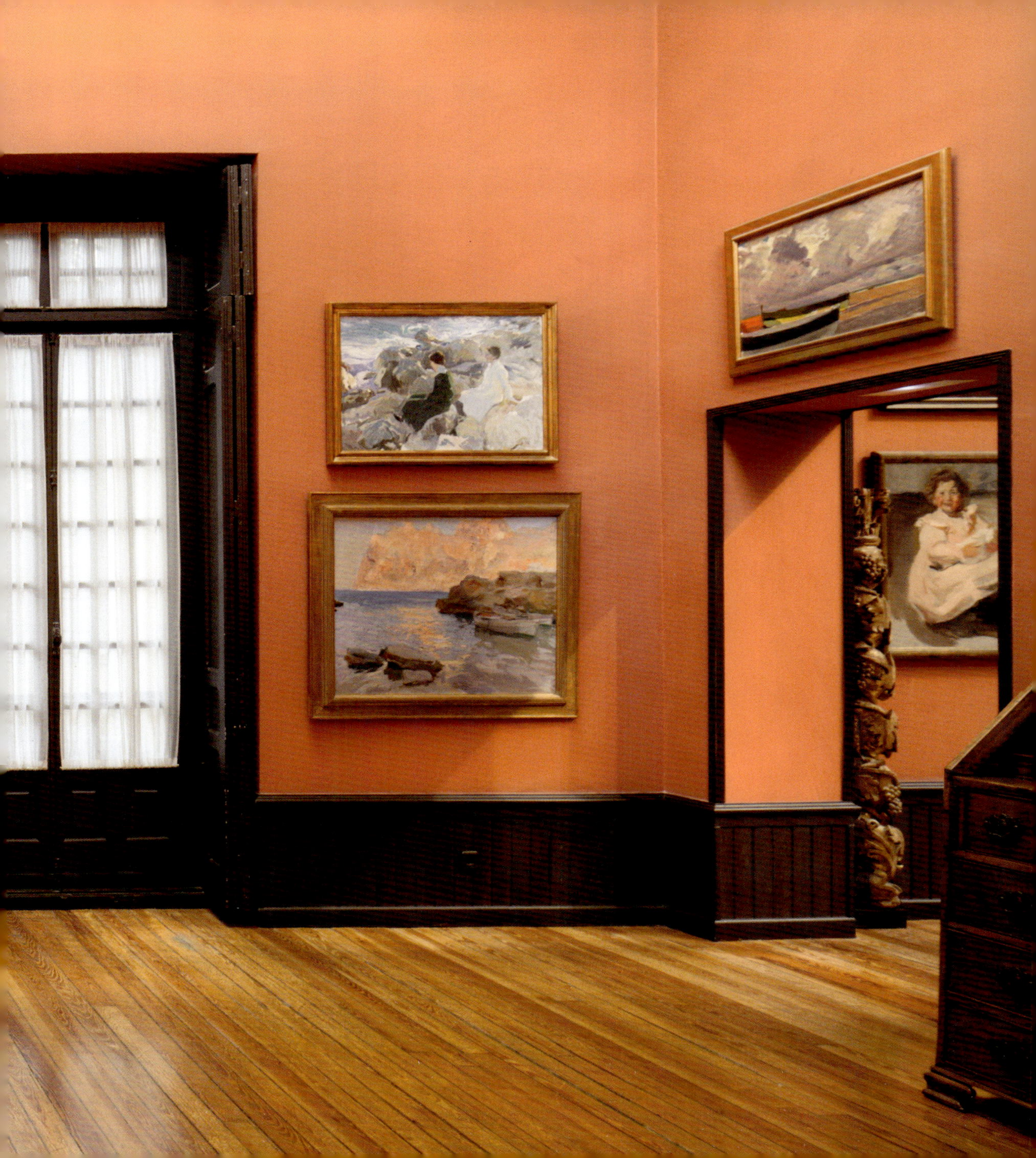

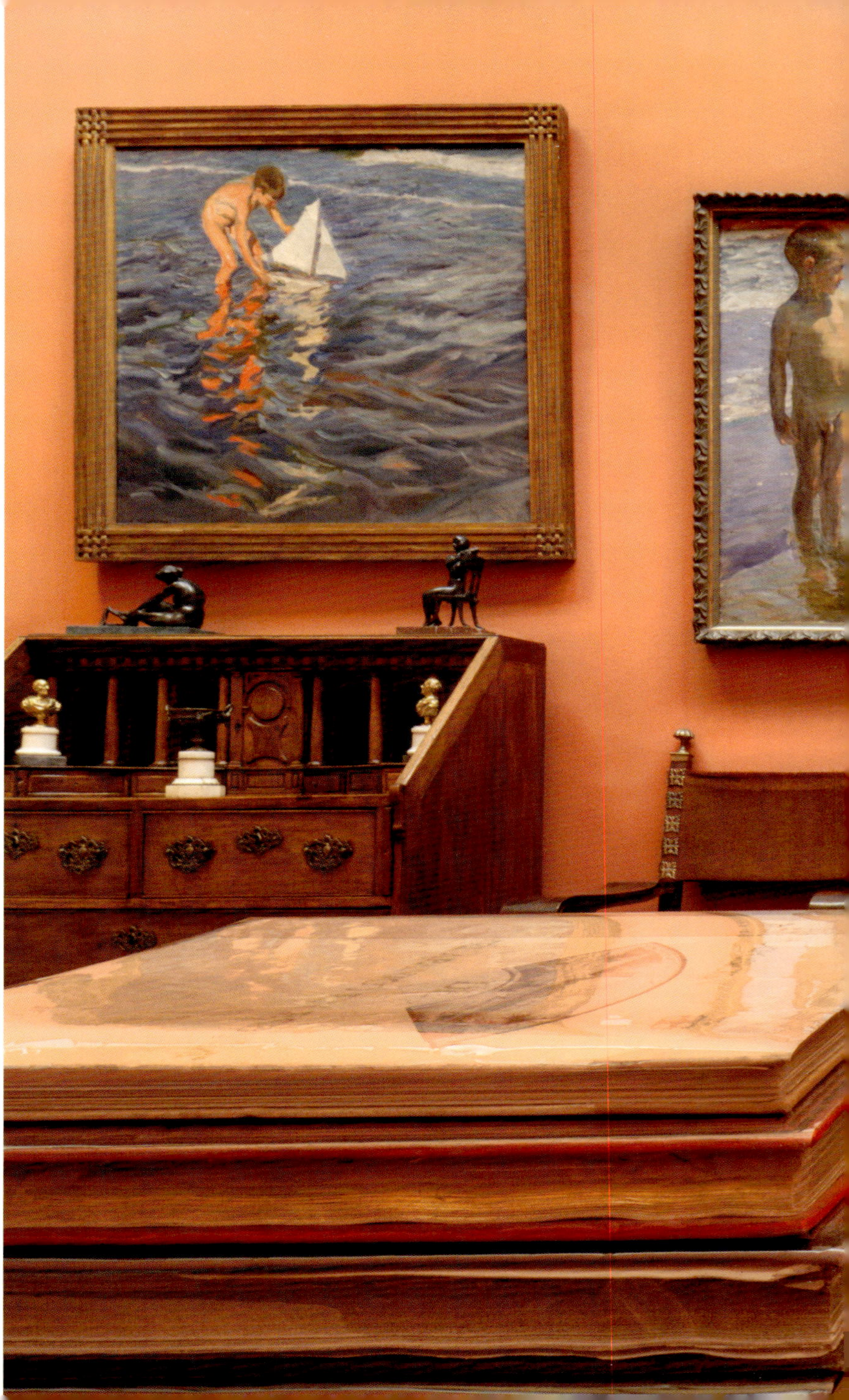

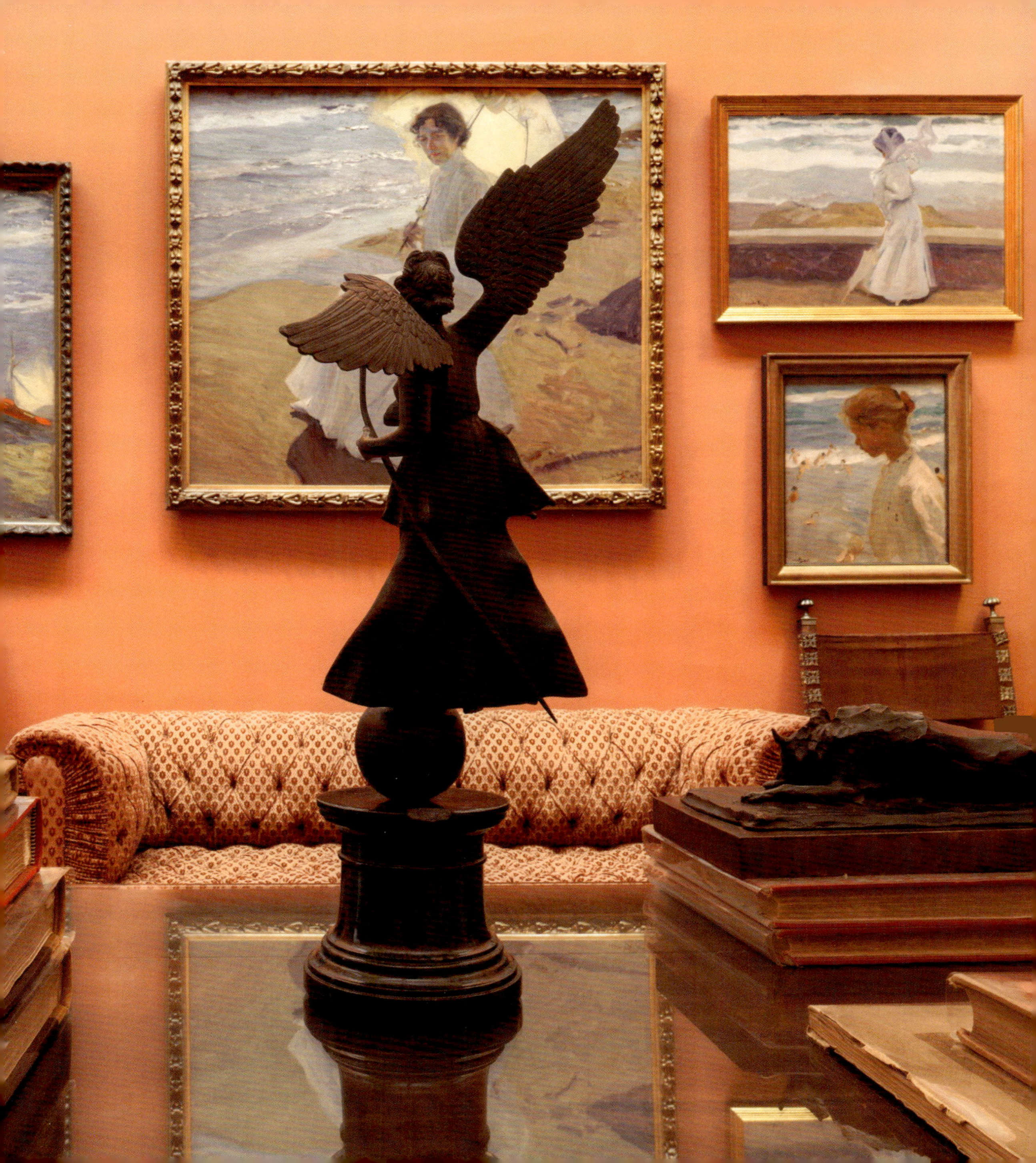

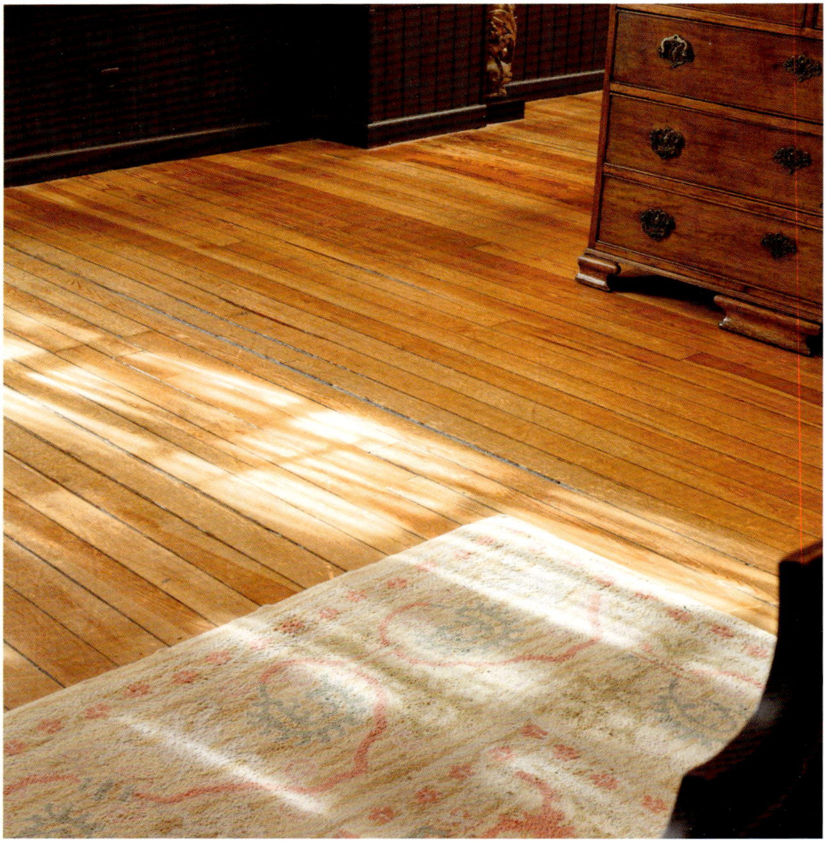

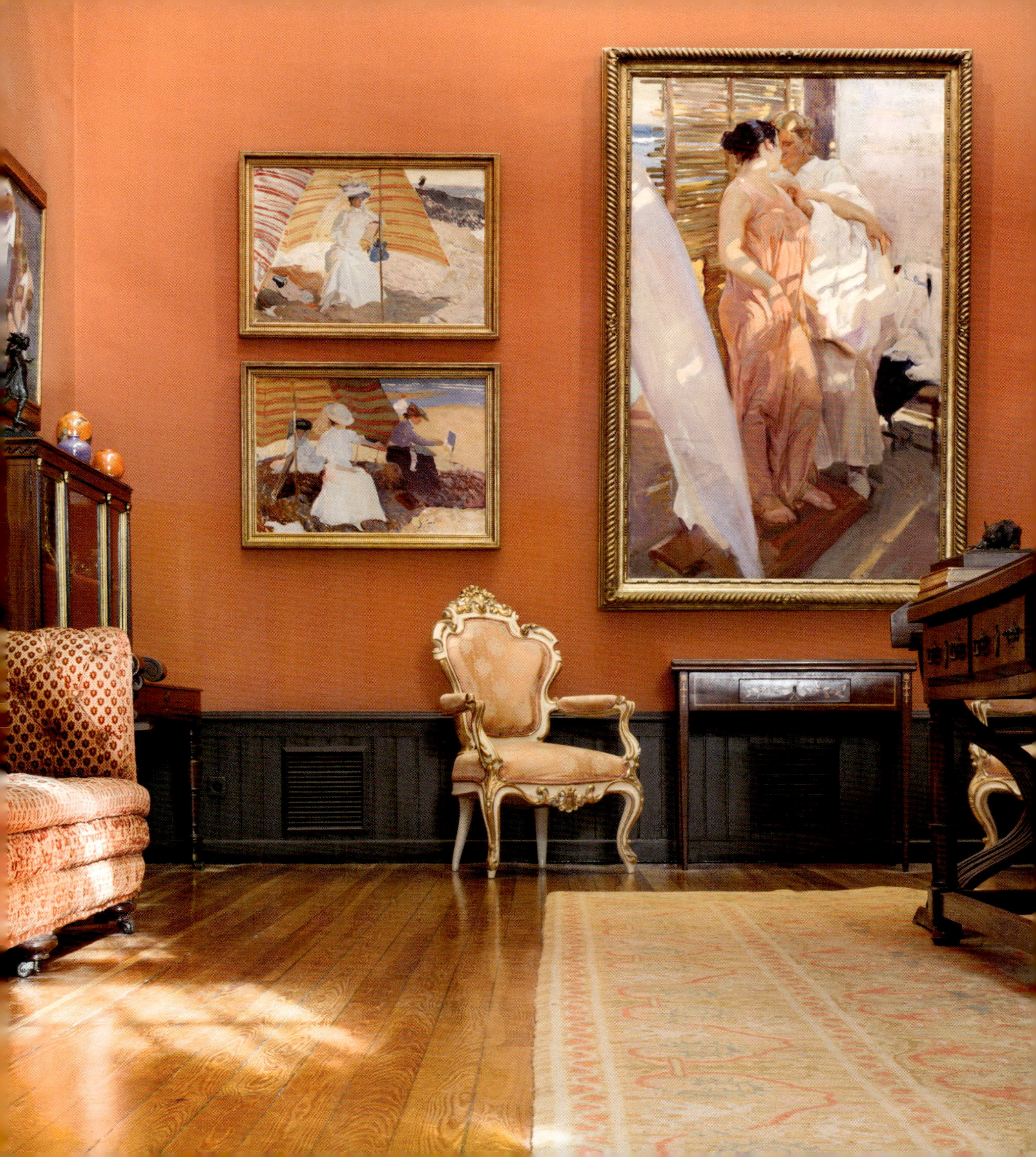

*"Esto es todo una locura, un sueño, el mismo efecto que si viviera dentro del mar..."*

Jávea, 7 de octubre de 1896

*"This is complete madness, a dream, the same effect one would experience if living under the sea..."*

Jávea, 7th October 1896

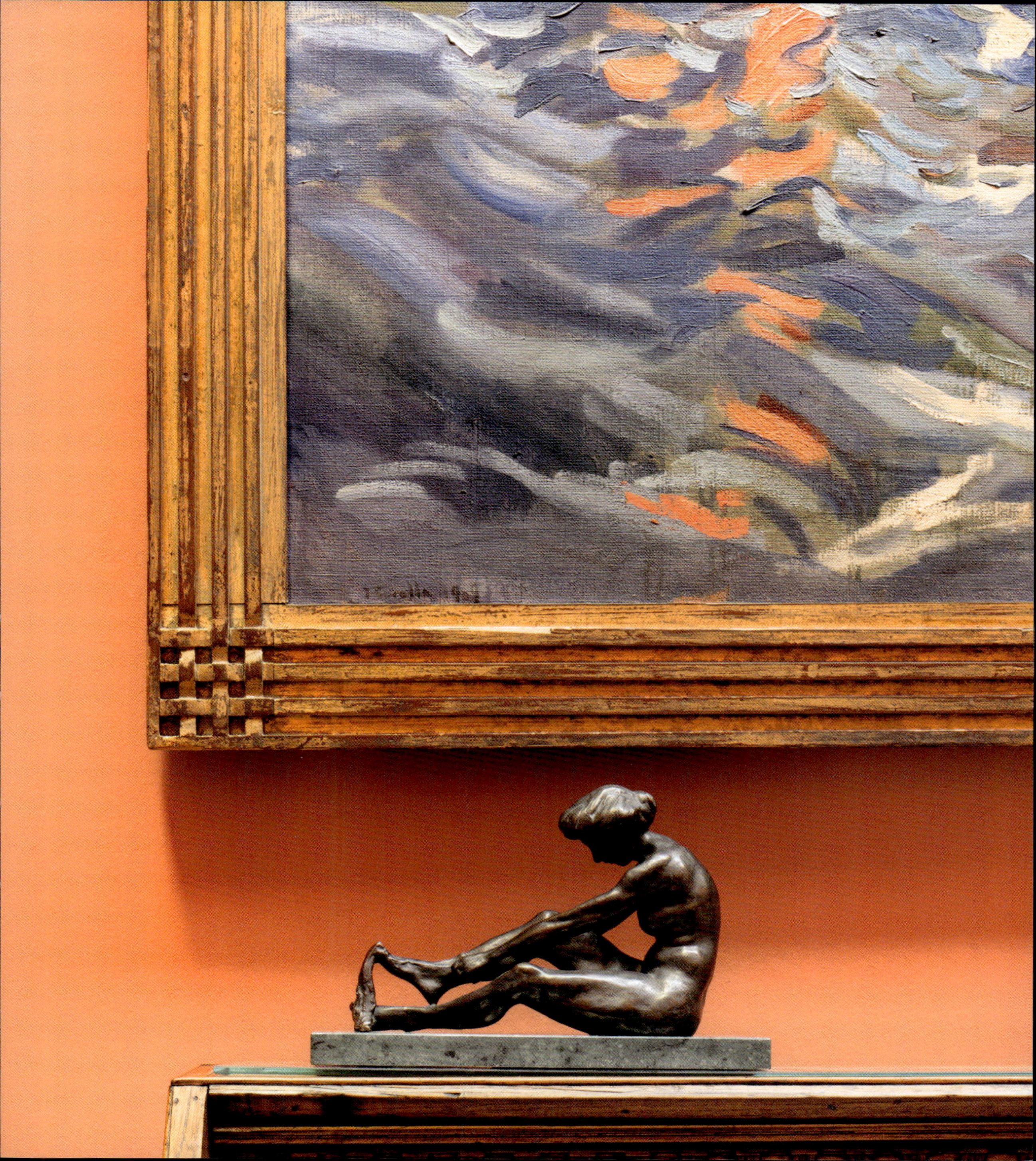

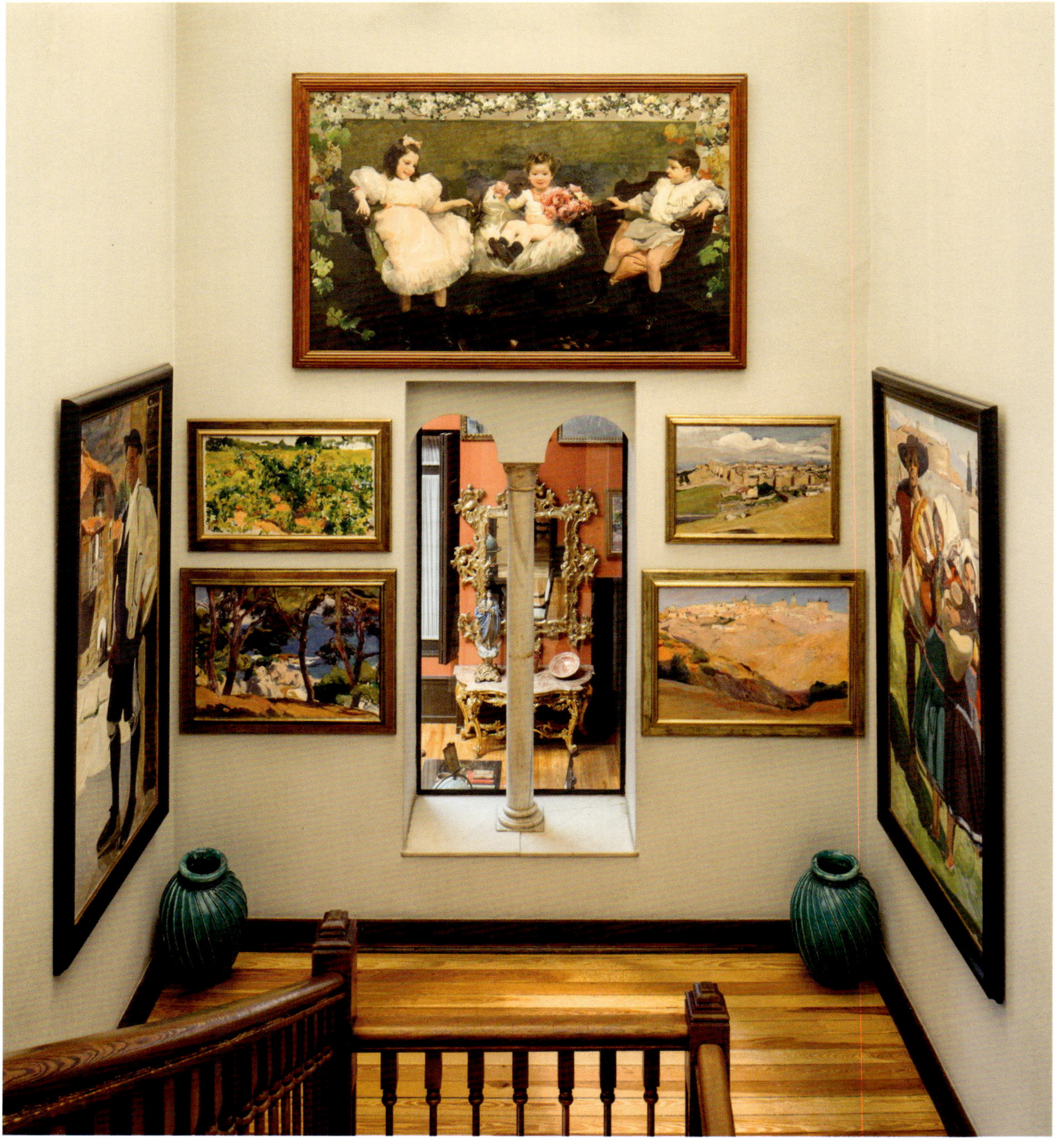

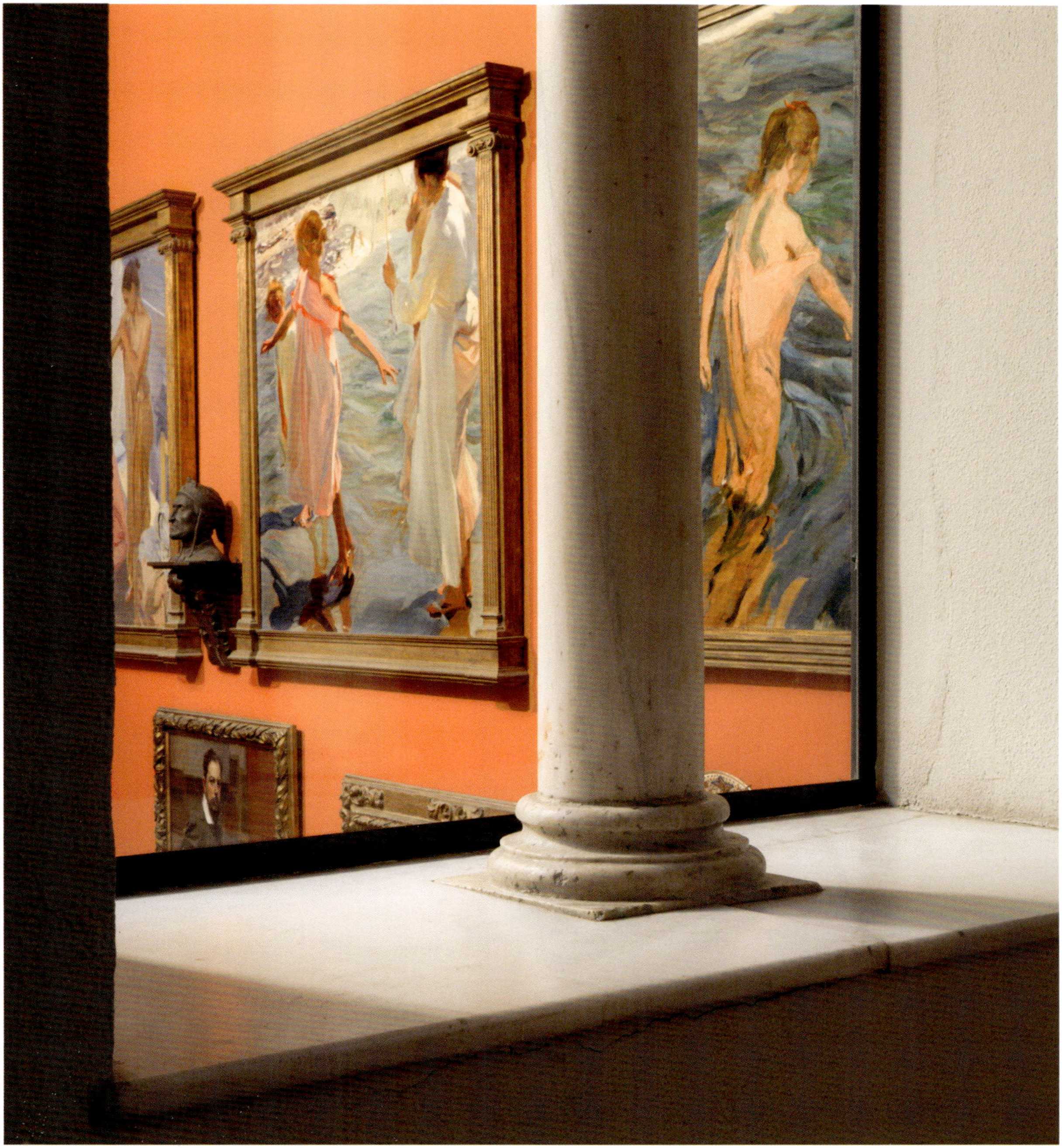

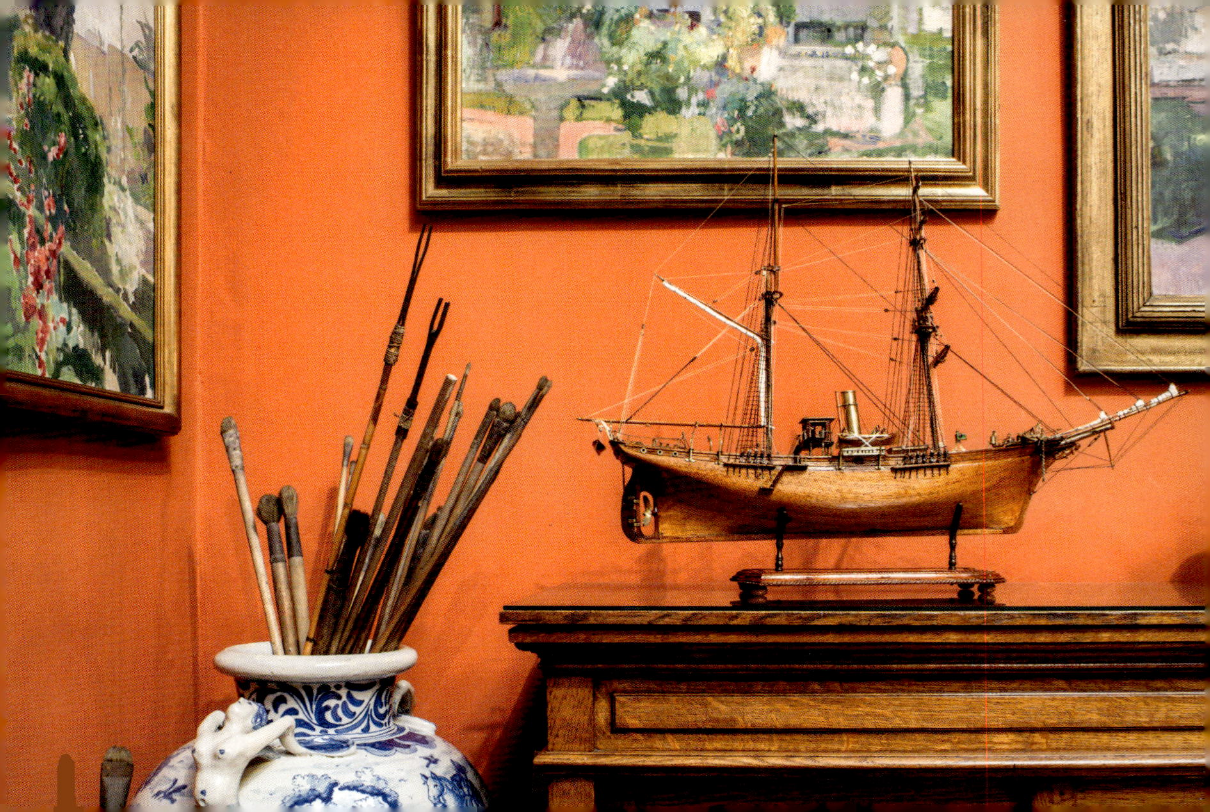

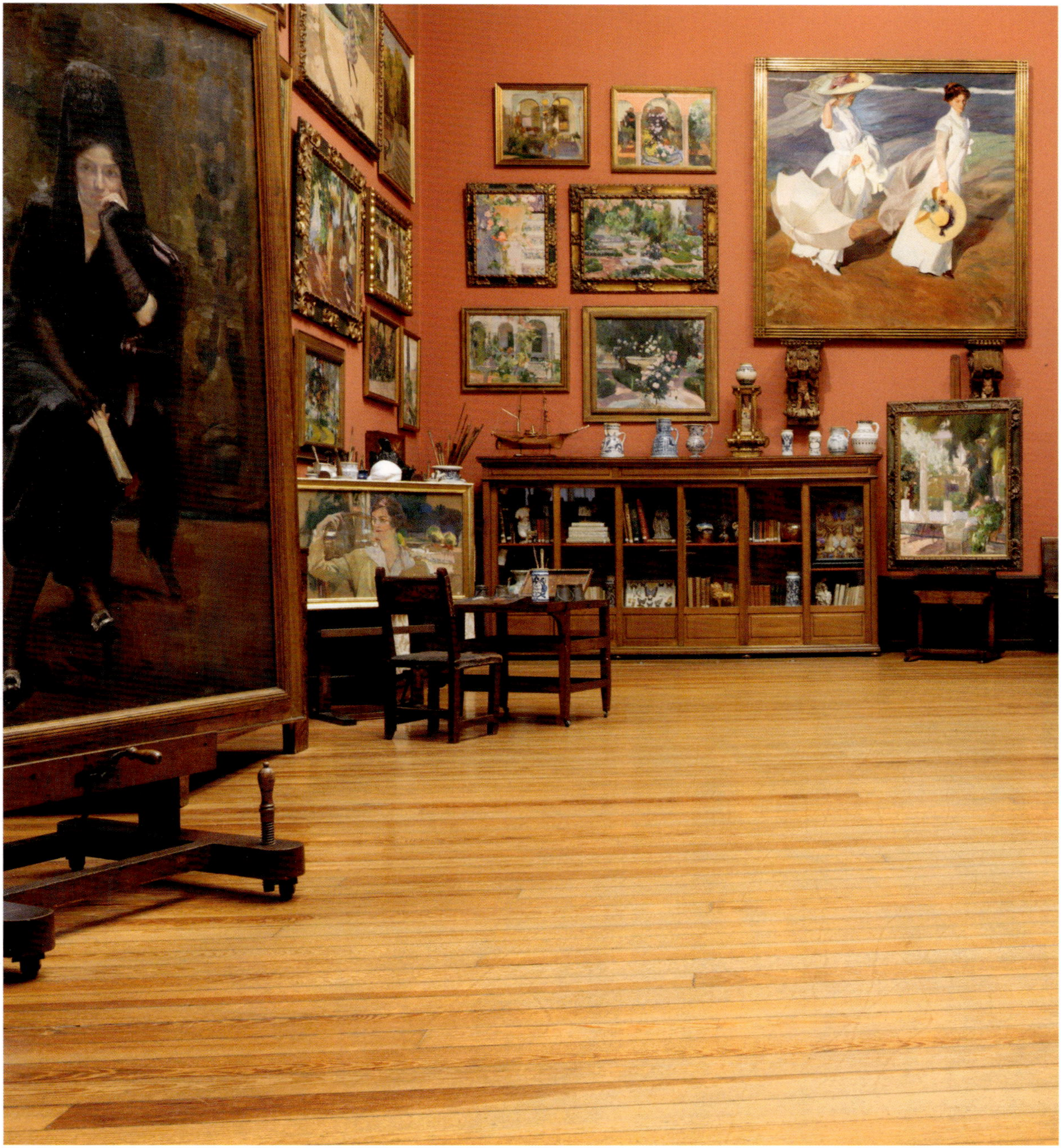

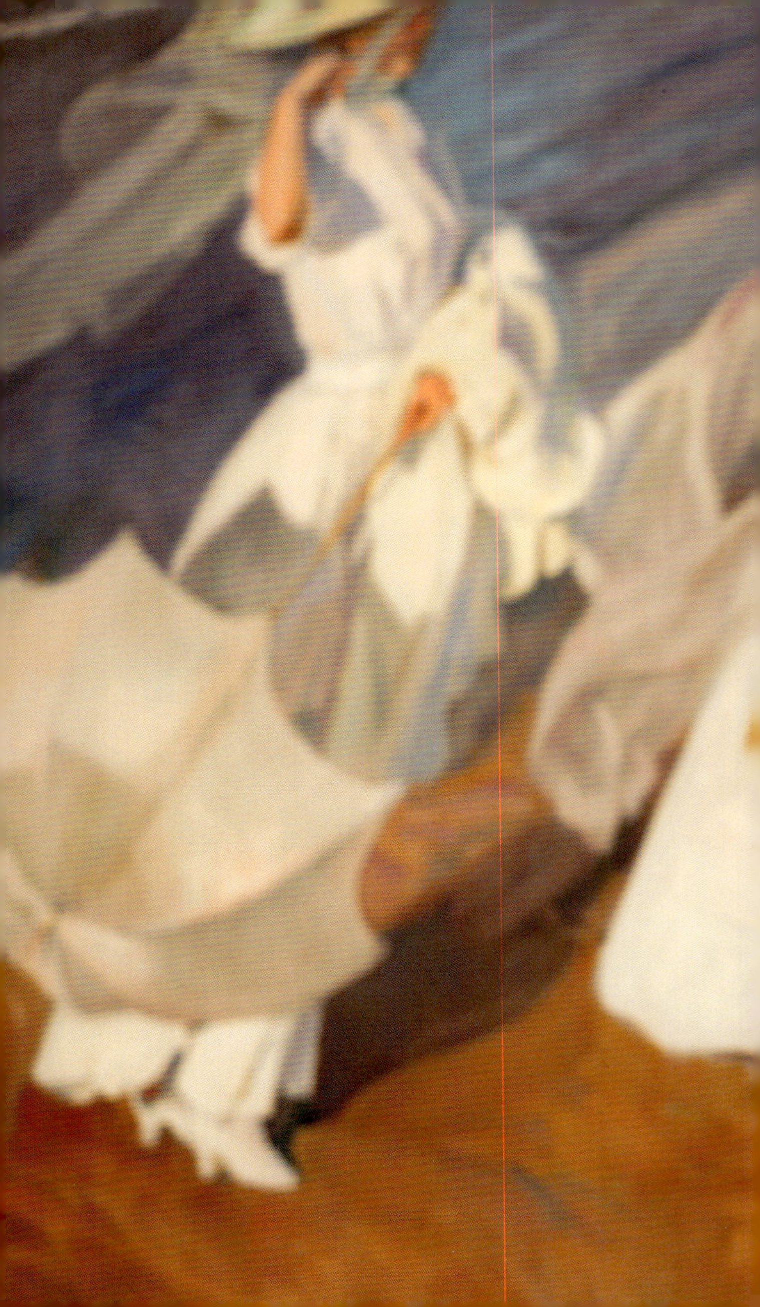

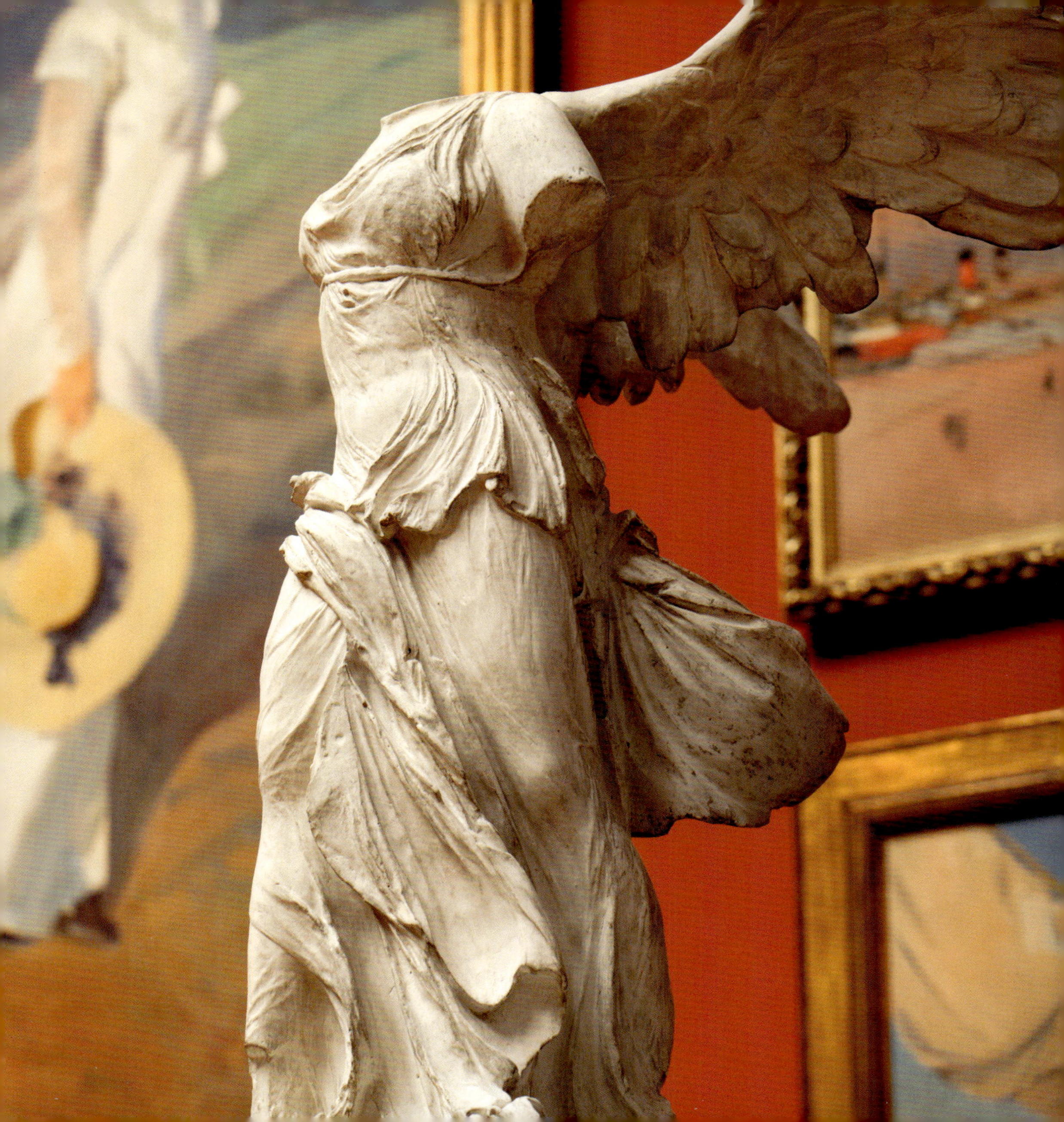

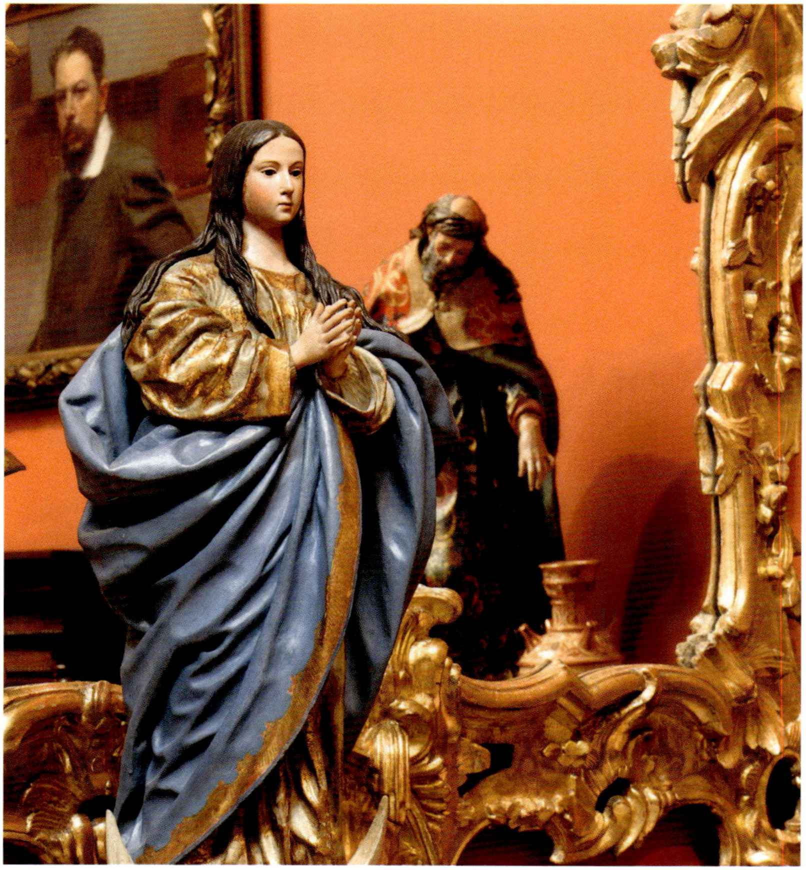

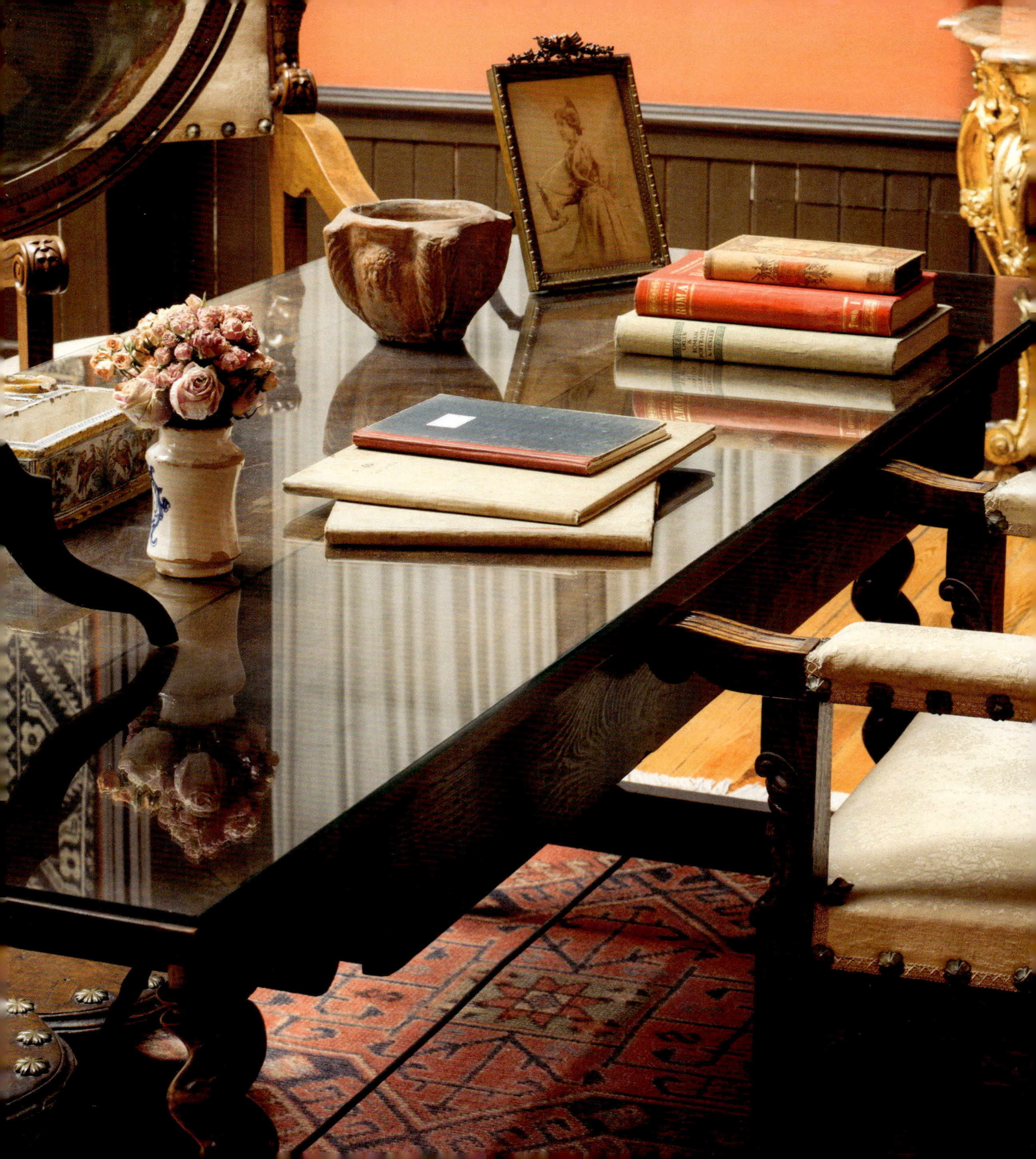
ROMA

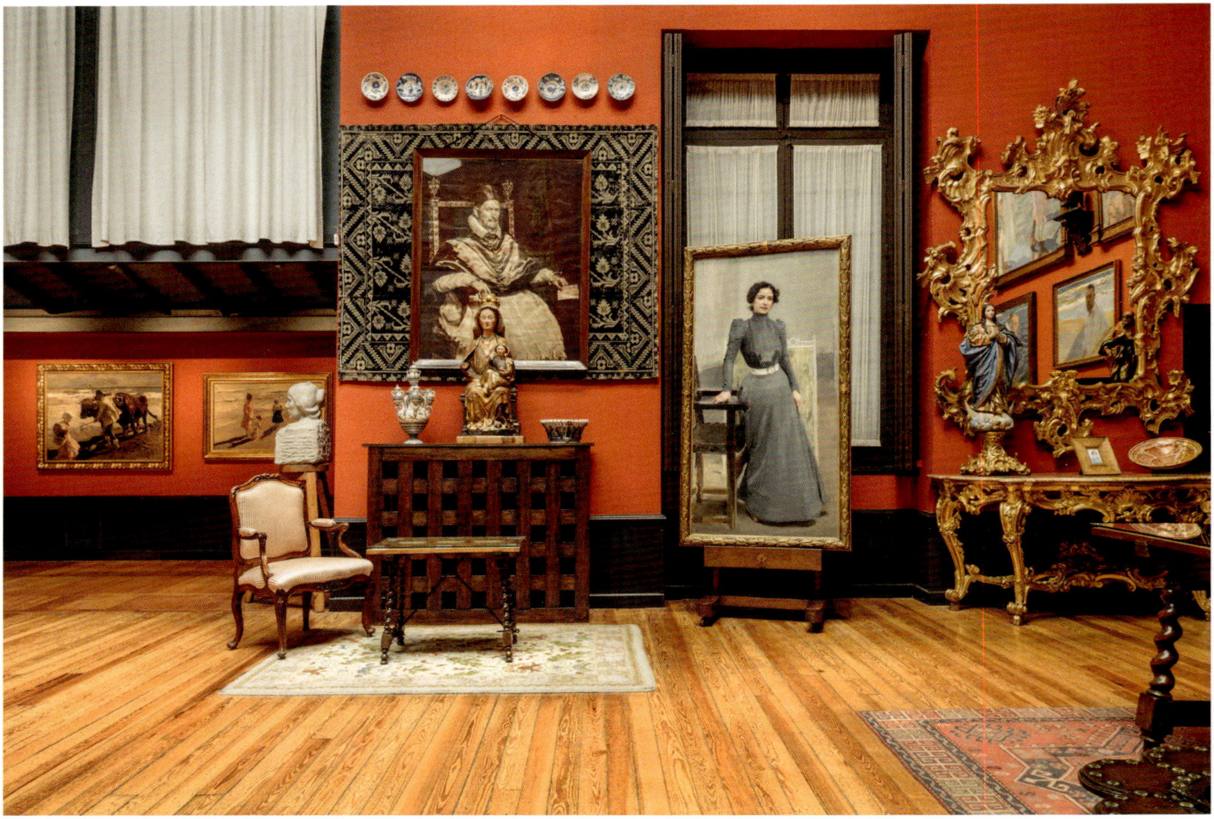

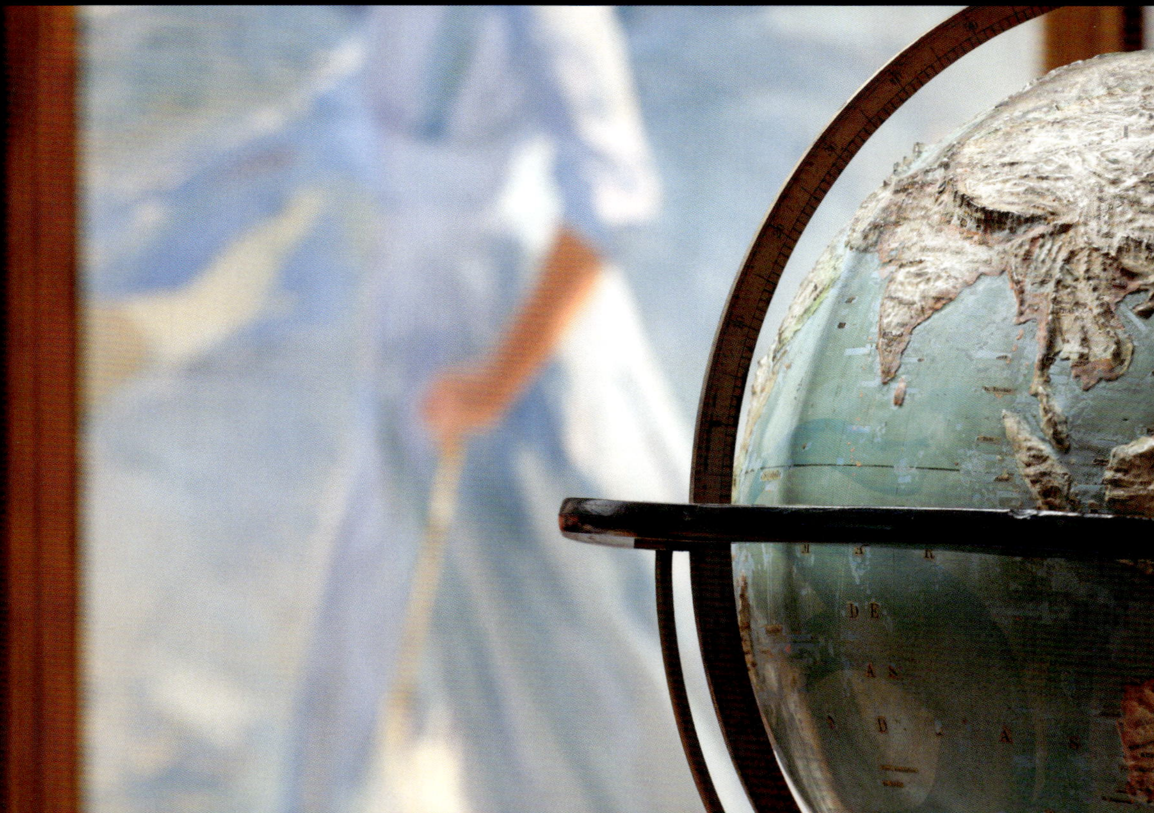

*"Hoy como ayer he trabajado la mañana en mi cuadro, ignoro si es que tengo debilidad o exceso de sensibilidad pues noto que hoy me emocionó más que ningún día la contemplación del natural."*

Valencia, 3 de febrero de 1916

*"Today, like yesterday, I worked on my painting in the morning. I don't know if I have a weakness or am overly sensitive, but I notice that today I am more emotional than ever when observing the natural world."*

Valencia, 3rd February 1916

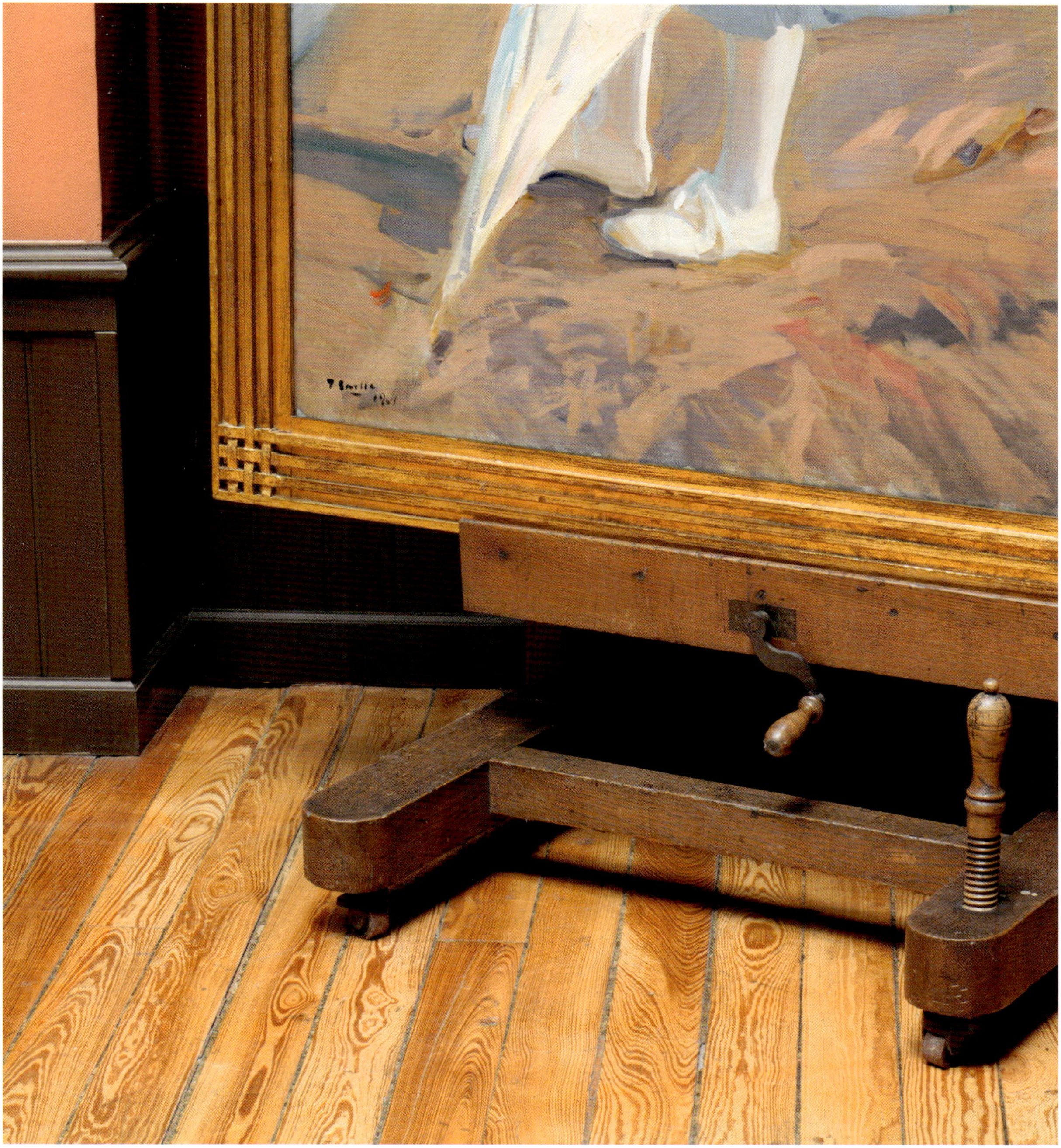

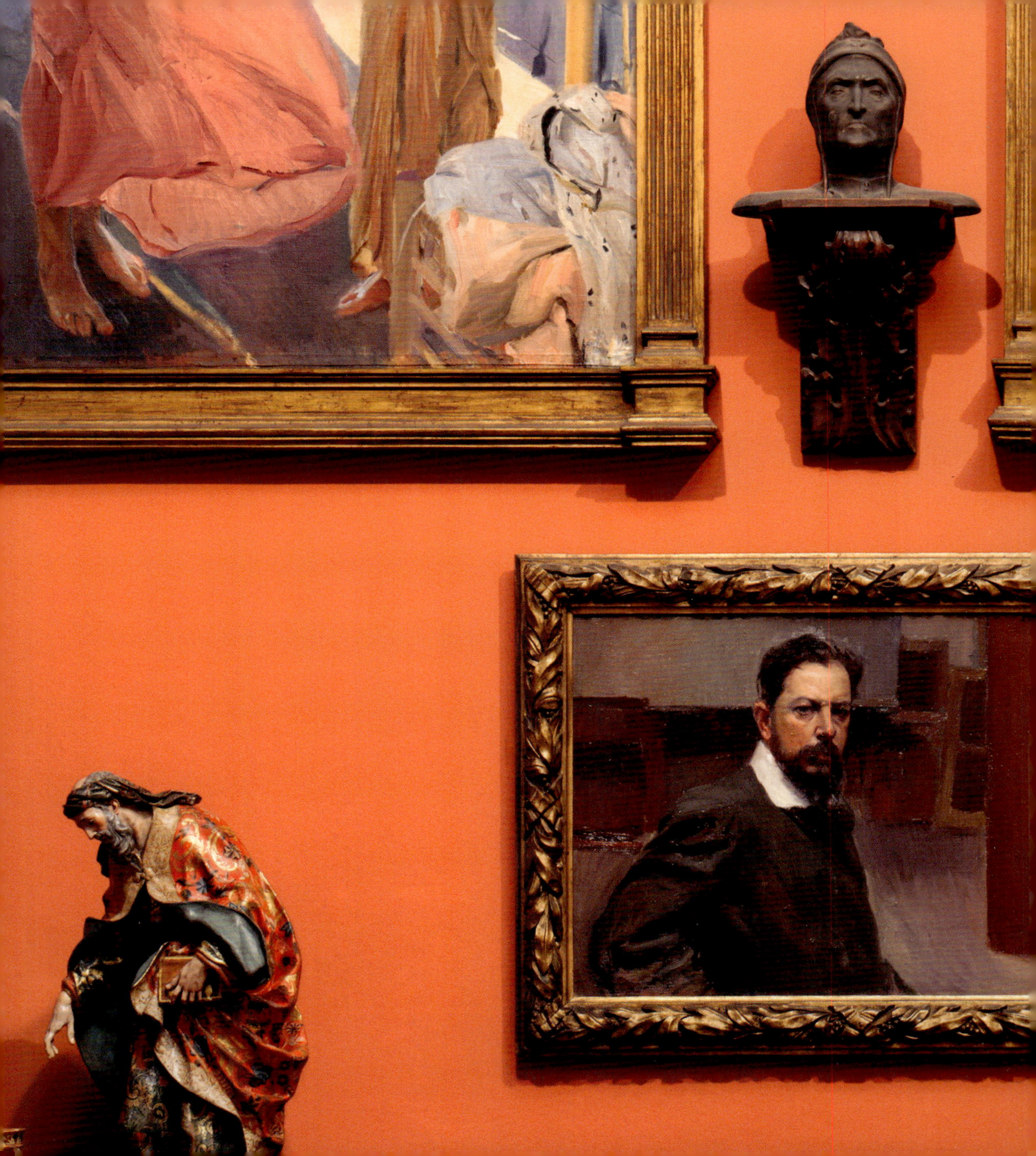

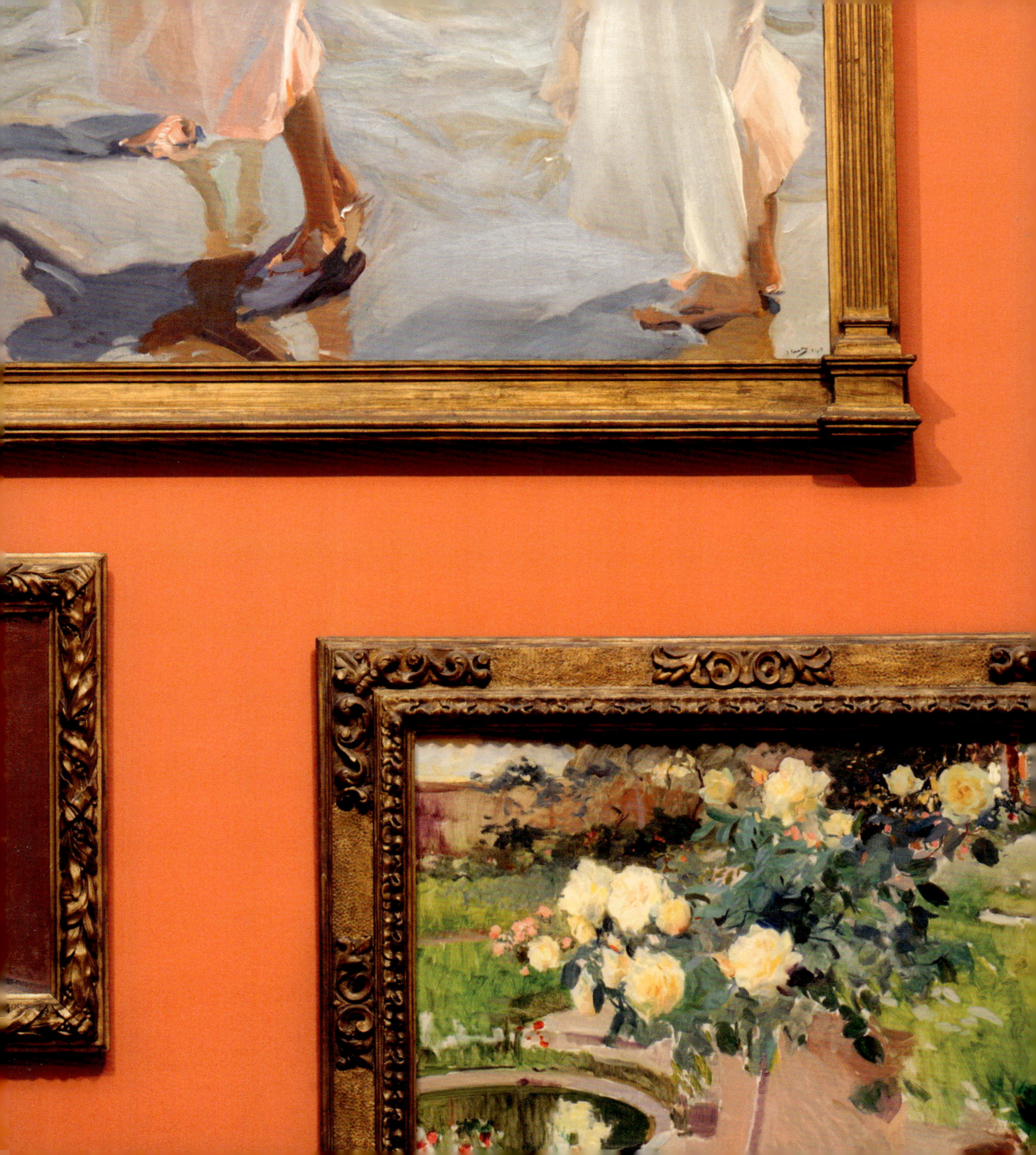

*"Yo enmudezco de la emoción que aún me domina."*

Jávea, 7 de octubre de 1896

*"I am struck dumb by the emotion that grips me."*

Jávea, 7th October 1896

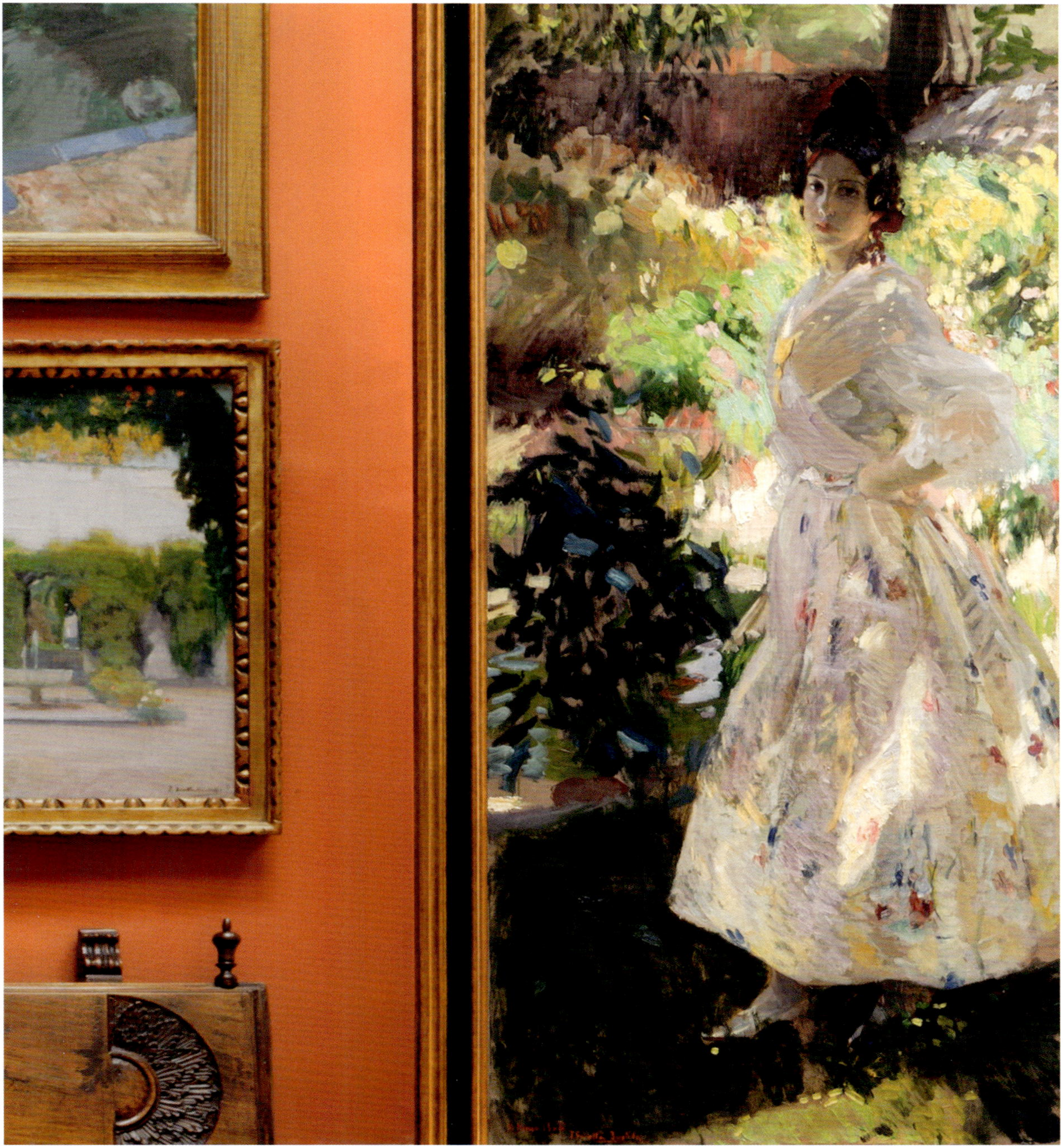

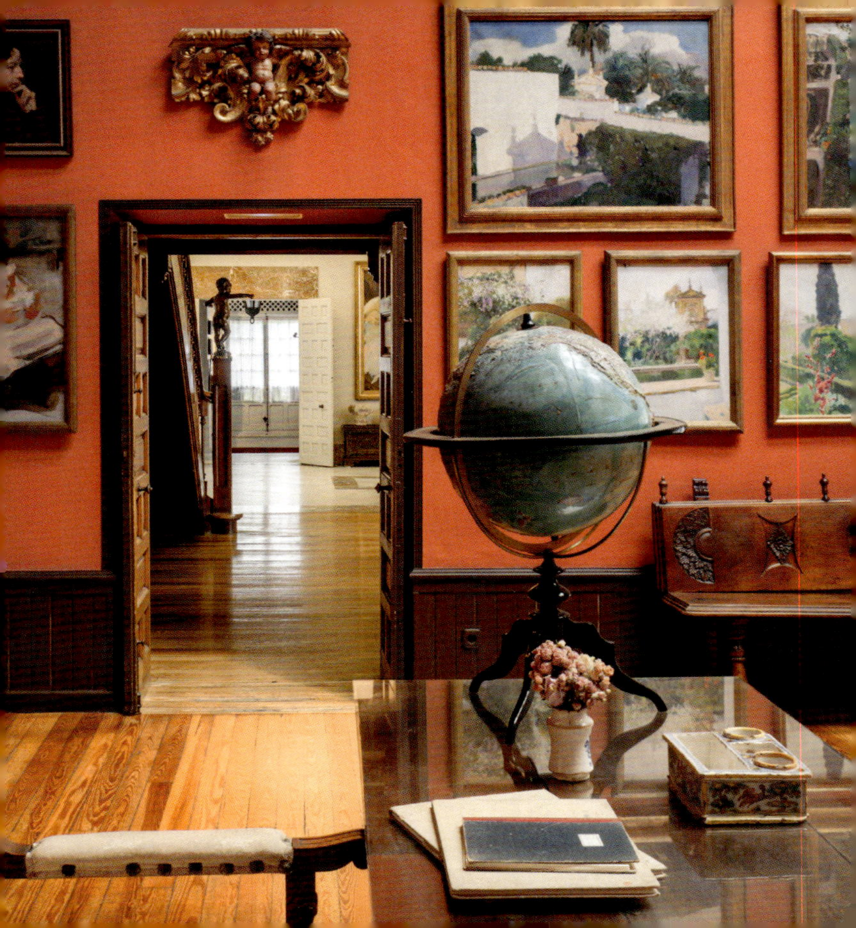

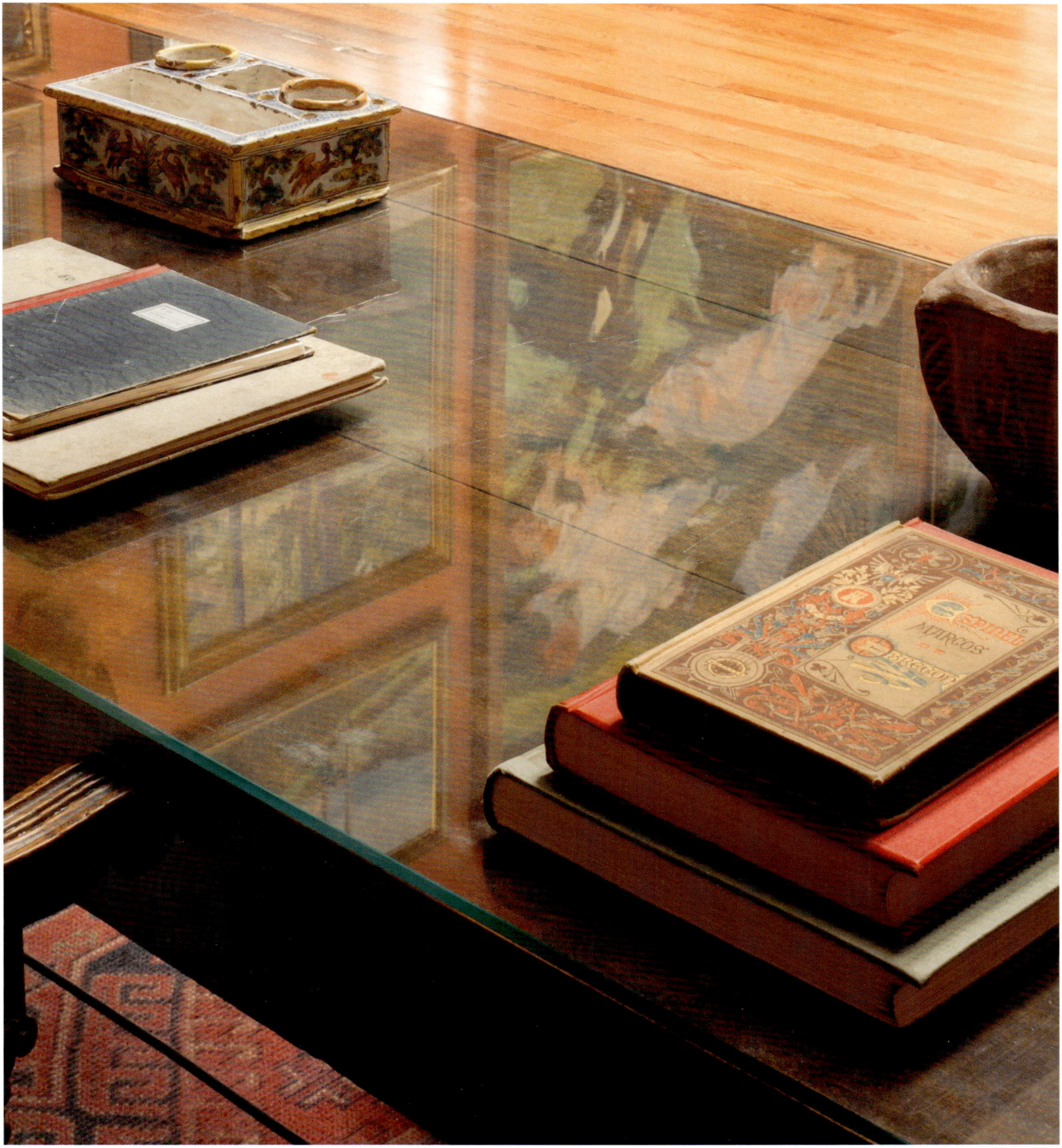
ESPINEL
MARCOS
OBREGON

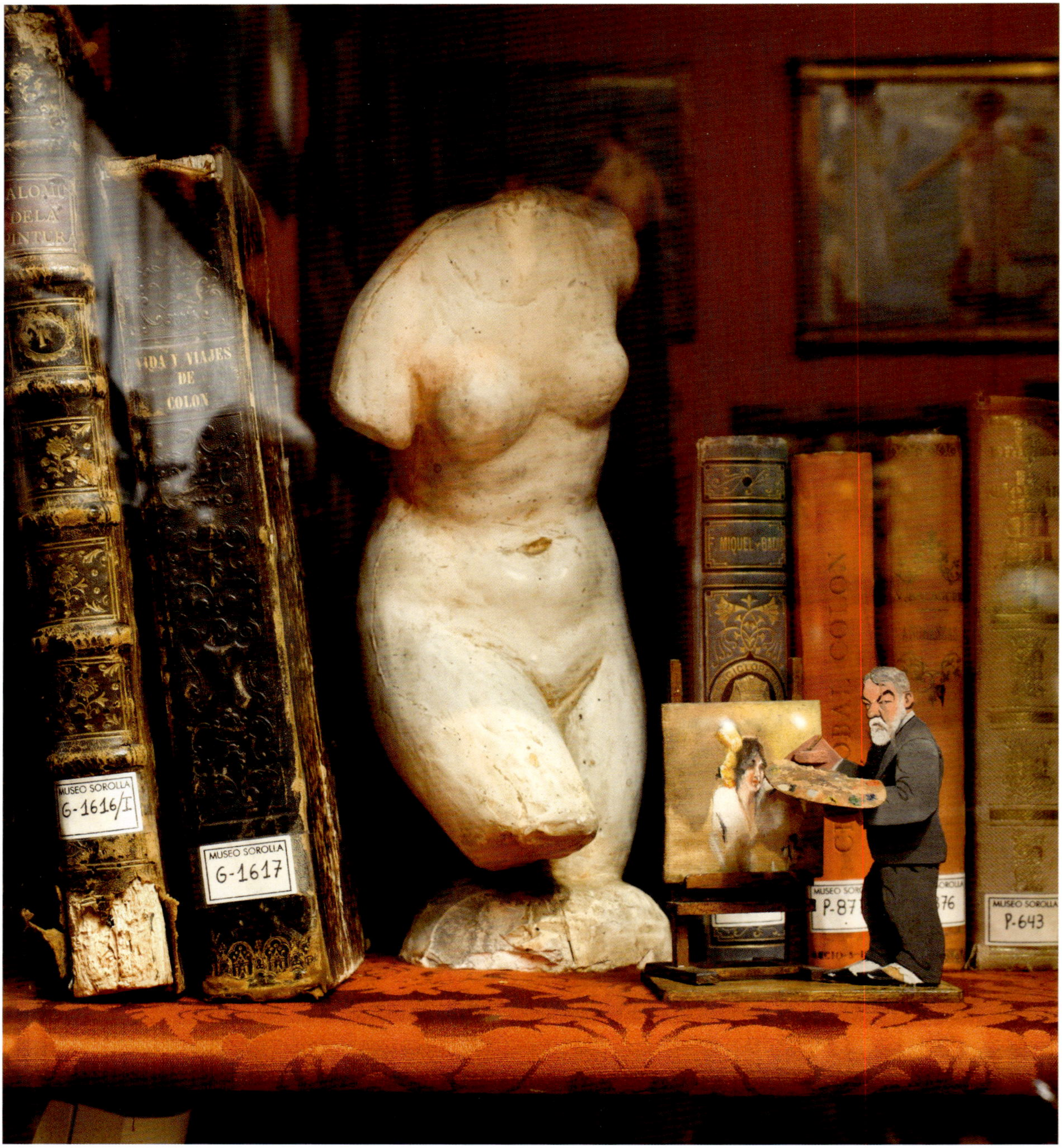
MUSEO SOROLLA
G-1616/I
VIDA Y VIAJES
DE
COLON
MUSEO SOROLLA
G-1617
MUSEO SOROLLA
P-643

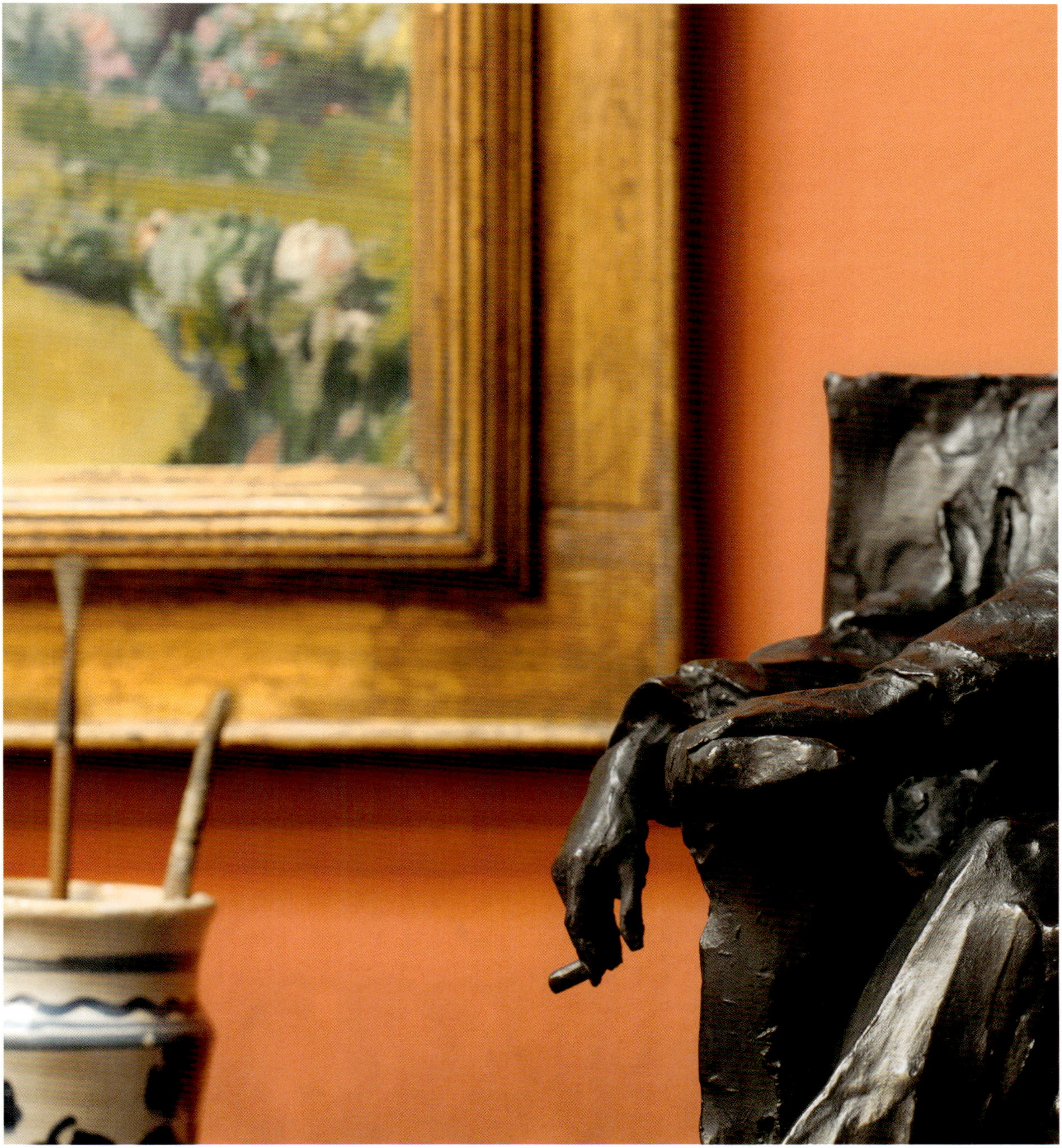

*"Hoy día hermoso de color, de luz y alegría y como tal, he trabajado con gusto."*

Alicante, 11 de diciembre de 1918

*"Today is a beautiful day of colour, light and happiness. So much so that I have worked with true relish."*

Alicante, 11th December 1918

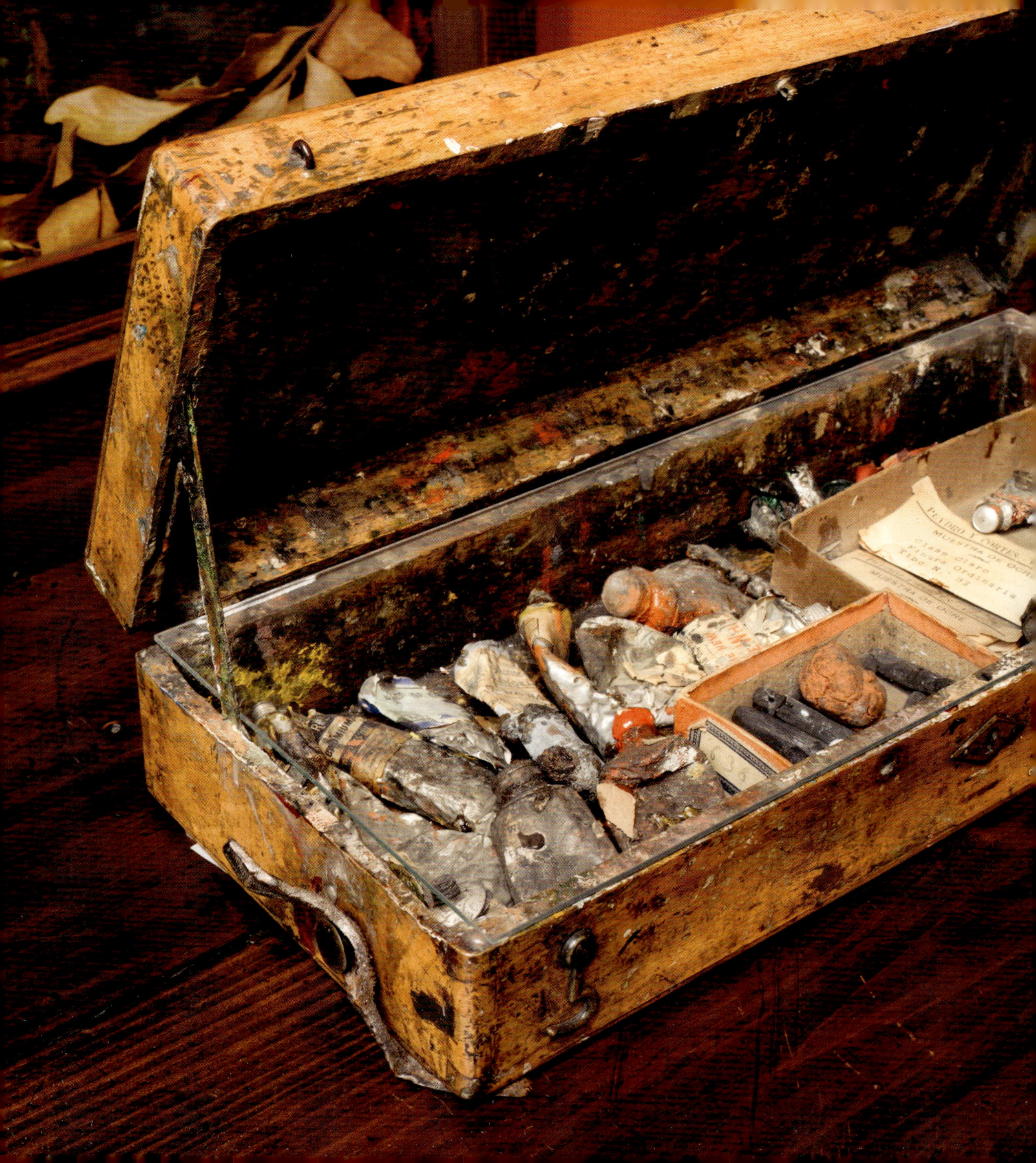
Clase Claro
Pintura Ordinaria
Tipo N. 32

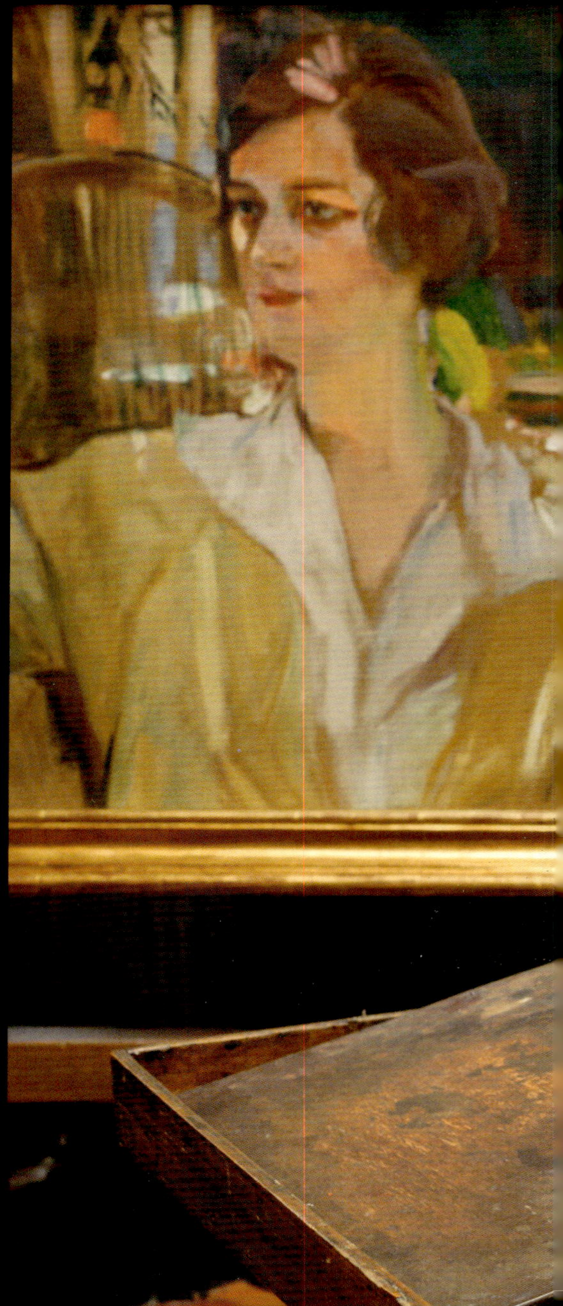

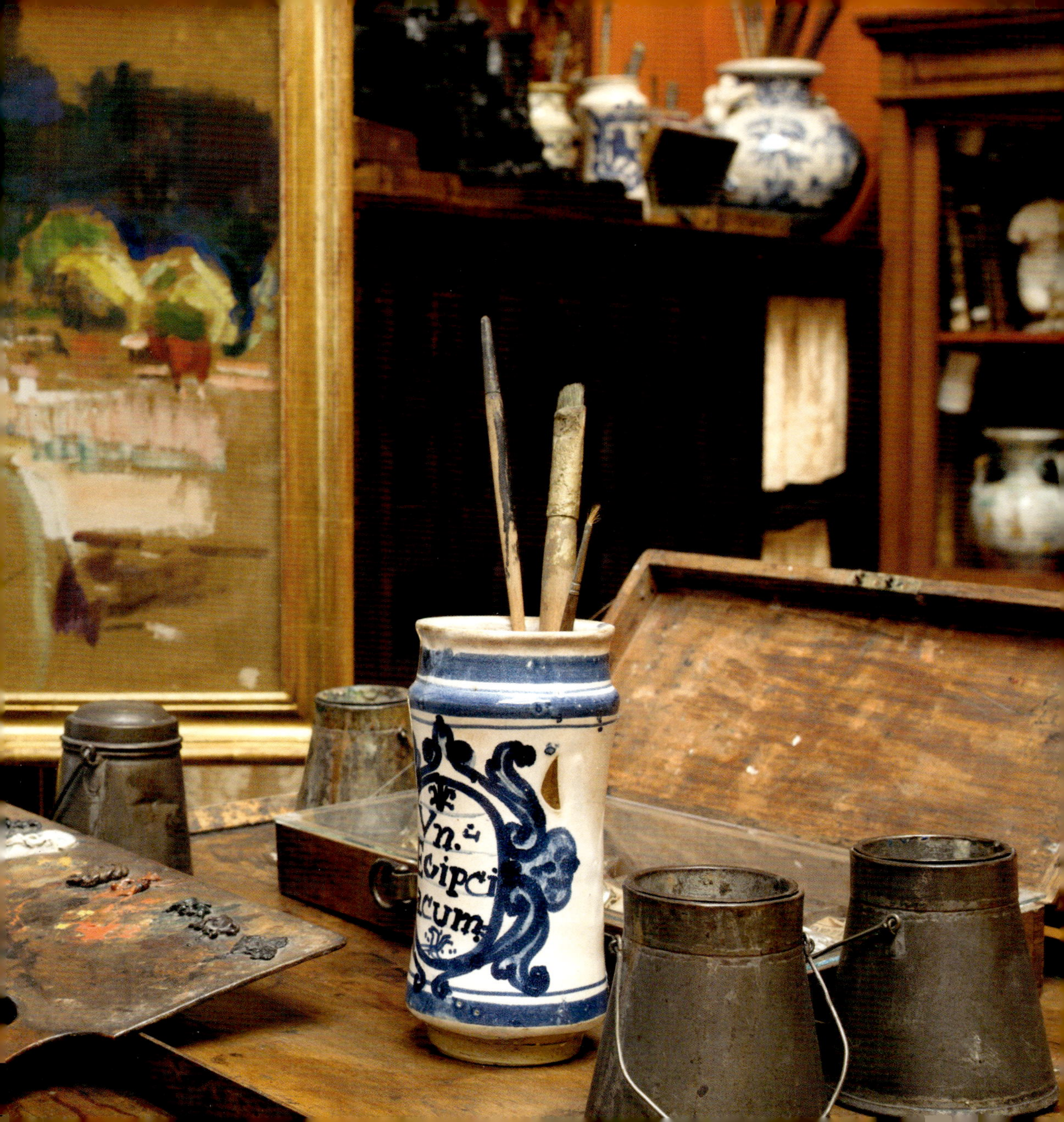

*"Hoy empecé a dibujar en el cuadro el cual me dio unos ratos de verdadero cielo... qué hermoso el sol, la gente y el hombre con la carga del dorado fruto, ¡qué maravilla!"*

Alicante, 27 de noviembre de 1918

*"Today I began to draw a picture which gave me glimpses of the true sky... the sun, the people and the man with his load of golden fruit were so beautiful. How wonderful!"*

Alicante, 27th November 1918

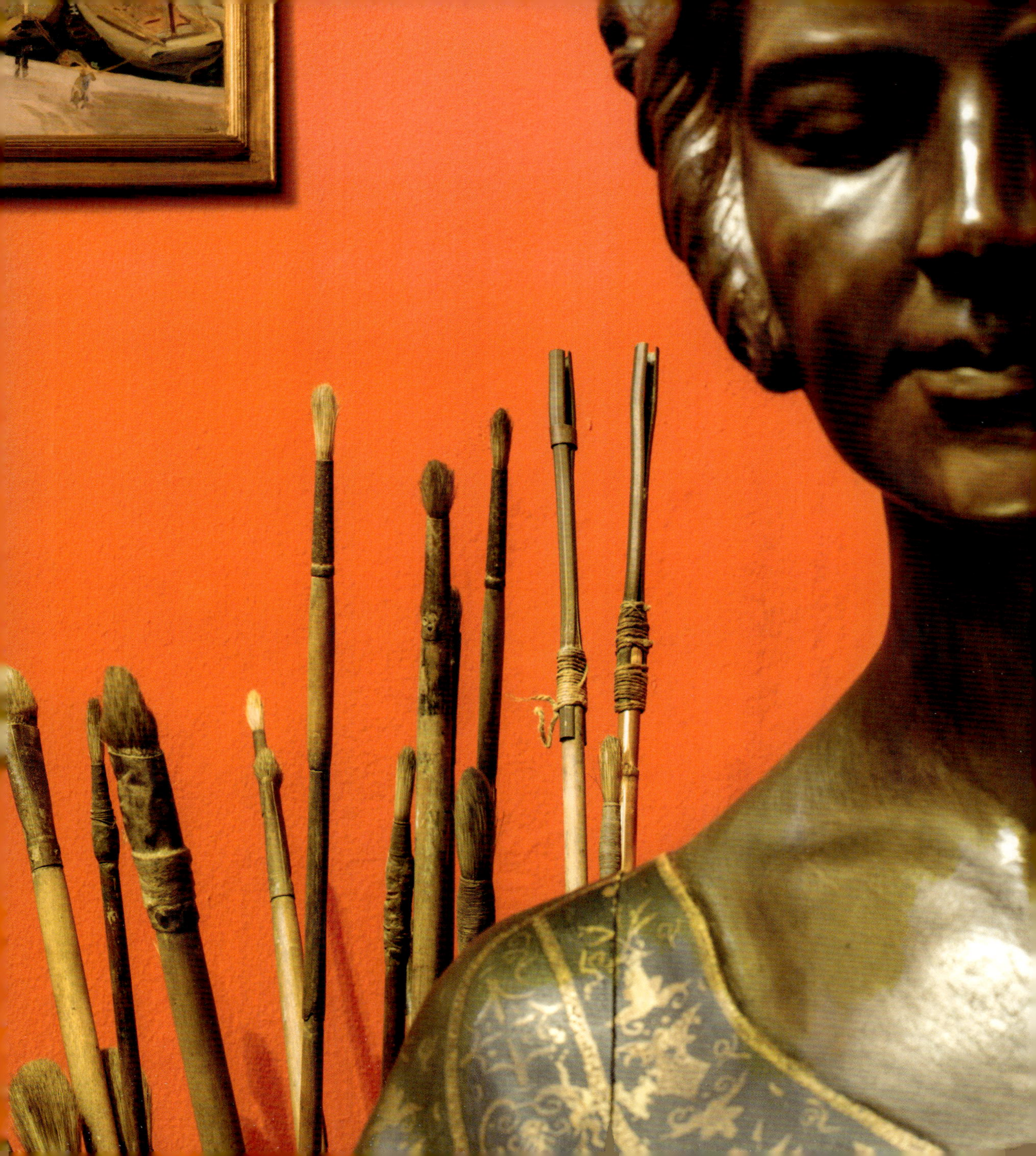

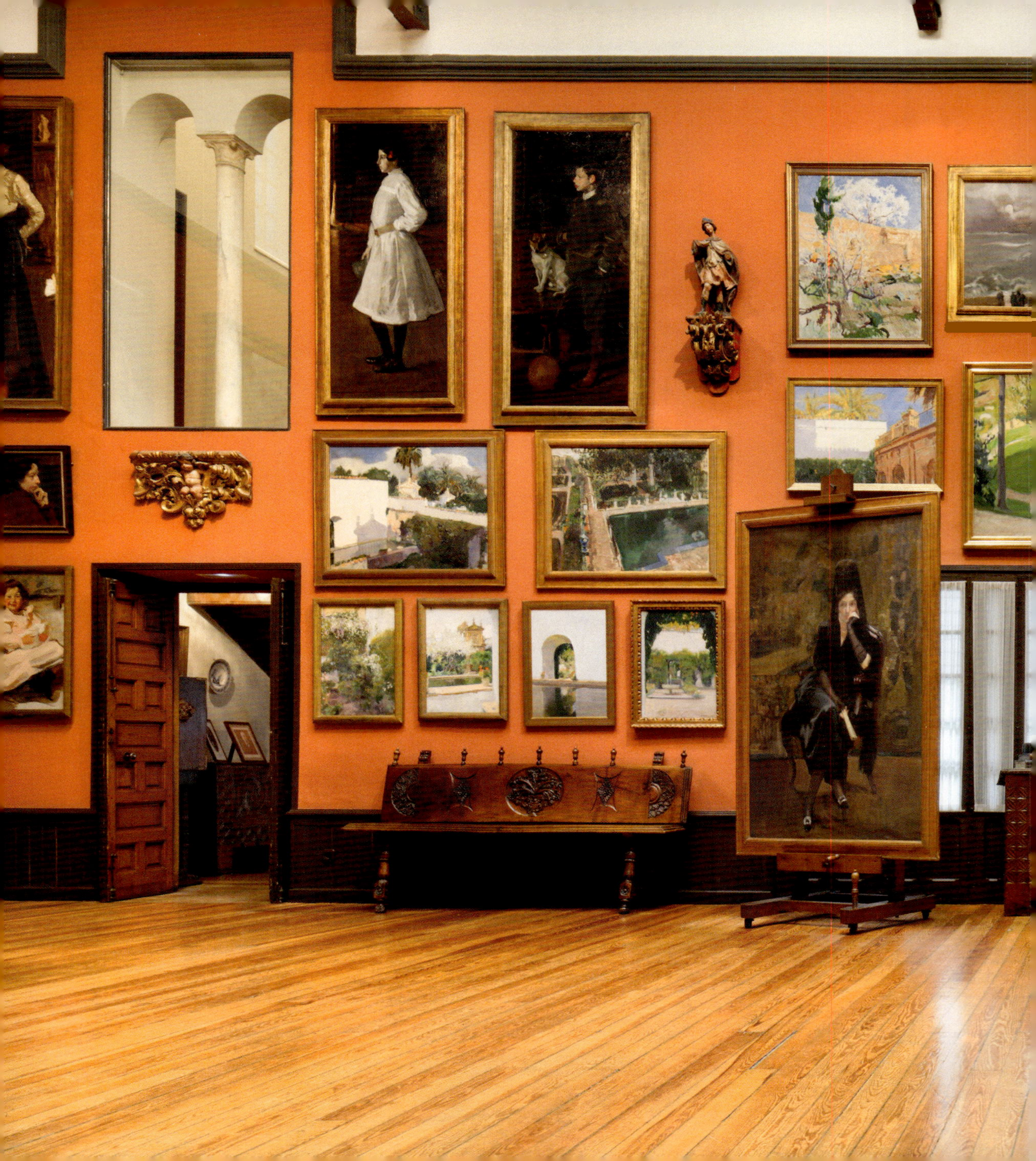

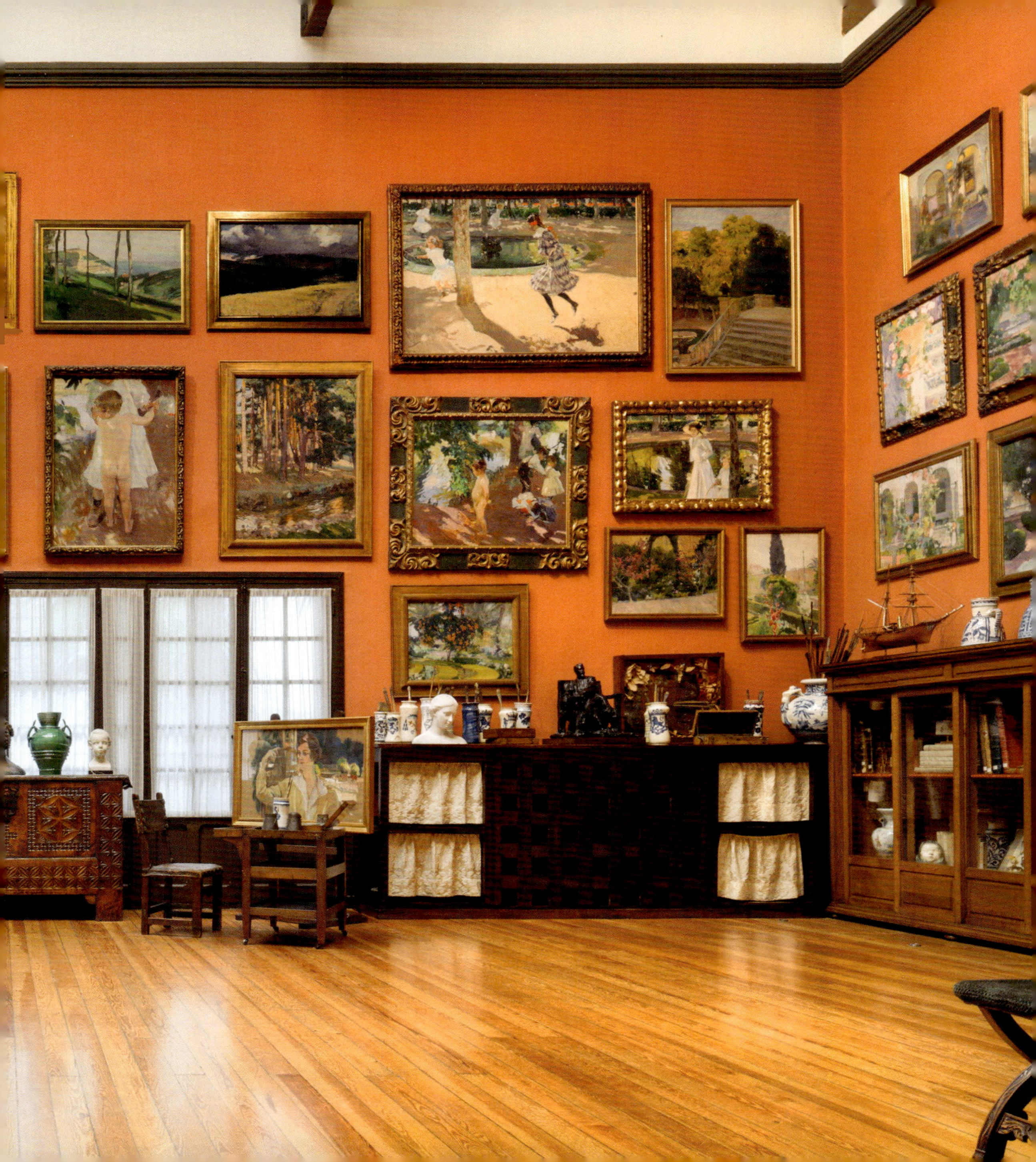